John Foden

Bezahlt, um zu entscheiden

30 Schlüsselthemen, die kein Manager ignorieren kann

UEBERREUTER

Die Deutsche Bibliothek – CIP-Einheitsaufnahme

Foden, John:
Bezahlt, um zu entscheiden: 30 Schlüsselthemen, die kein Manager ignorieren kann / John Foden. [Aus dem Engl. von Jutta Höllriegl]. - Wien : Ueberreuter, 1992
(Ueberreuter-Sachbuch)
Einheitssacht.: Paid to decide <dt.>
ISBN 3-8000-3431-X

S 9/1

Aus dem Englischen von Jutta Höllriegl, Institut CEF
Dr. Christian Ernst Fuchs Ges. m. b. H., Wien-Linz-Salzburg-England
Originaltitel „Paid to decide: 30 issues no senior manager can ignore“, erschienen im Verlag Business Books Limited, London

Umschlag von Beate Dorfinger

Druck und Bindung: Ueberreuter Buchproduktion, Korneuburg
Printed in Austria

Inhaltsverzeichnis

Imagepflege

Menschliche Ressourcen

Zusammenfassung

Vorwort

Führungskräfte der obersten Ebene lesen keine Bücher, die ihnen sagen, was man als Führungskraft zu tun hat. Dafür haben sie weder Zeit noch Bedarf, denn sie sind bereits damit beschäftigt, ihre Aufgaben zu erfüllen.

Bis jetzt gab es jedoch noch kein Buch am Markt, das einem gestreßten Chief Executive Officer (Anm. d. Übers.: entspricht dem Vorstandsvorsitzenden, dem Generaldirektor; im weiteren als CEO belassen) Tips für seine Arbeit geben könnte. Hier wird er solche finden sowie auch Warnungen, etwas Hausverstand, Ermunterung und Verständnis. Vielleicht wird er sogar froh darüber sein, denn er ist in einer sehr einsamen Position, und dieses Buch kann ihm vielleicht Gesellschaft leisten.

Der Einfachheit halber richte ich mich an einen CEO als Pars pro toto, ich richte mich an einen Mann, und entschuldige mich dafür bei allen Frauen. Es wäre zu aufwendig gewesen, bei jedem Hinweis er/sie zu schreiben.

Meine Hoffnung ist, daß dieses Buch allen Führungskräften eine Hilfe sein möge. Jeder, der einmal CEO werden möchte, der einen CEO ernennen muß oder eng mit einem CEO zusammenarbeitet, sollte nachvollziehen können, was diese Aufgabe beinhaltet. Jeder, der ein ernsthaftes Interesse an der Wirtschaft hegt, sollte sich mit der besonderen Verantwortung und den Prioriäten in dieser Stellung beschäftigen.

Selektiver Energieeinsatz zeichnet einen guten CEO aus. Alles selbst machen zu wollen, sich über alles Sorgen zu machen wird nicht erfolgbringend sein. Nach welchen Kriterien soll jedoch selektiert werden? Welche Schwerpunkte soll ein CEO setzen, während er sein Unternehmen in Richtung Jahrtausendwende steuert?

Dieses Buch versucht, etwas Licht in die Sache zu bringen, und greift 30 Themen auf, die einen CEO interessieren könnten.

Dazu berufen, dieses Buch zu schreiben, fühle ich mich erstens, da ich selbst seit 6 Jahren die Verantwortung für ein Unternehmen trage und deshalb weiß, wovon ich spreche: wie hart die Arbeit sein kann, aber auch wie lohnend. Es gibt nur wenige Punkte in diesem Buch, die mich nicht irgendwann beschäftigt hätten.

Zweitens komme ich durch unsere Arbeit bei PA Consulting Group immer wieder mit anderen CEOs rund um die Welt zusammen und erlebe sozusagen vor Ort, wie die anderen an die Aufgaben herangehen. Damit verbringe ich einen Gutteil meiner Arbeitszeit, was mir auch eine gute Ausgangsposition verschafft.

Dasselbe gilt für meine Kollegen, die viele Inputs zu diesem Buch geliefert haben. Durch unsere Arbeit bekommen wir Einblick in die Denkweise eines CEO: wir können behaupten zu wissen, was ihm Sorgen bereitet und was nicht, was seine Aufmerksamkeit erregt und was er weniger beachtet, wie er seine eigene Rolle und die Anforderungen der heutigen Zeit sieht. Um jedoch auch einen wissenschaftlichen Aspekt hinzuzufügen, gaben wir bei CIG eine Untersuchung in Auftrag: dabei sollte herausgearbeitet werden, welche Führungseigenschaften für einen Unternehmenserfolg in den 90er Jahren erforderlich wären. CEOs von 27 großen Unternehmen und Banken aus allen Branchen der englischen Wirtschaft wurden zu ihrer Meinung über Märkte, Technologien und Finanzen befragt. Die Studie kann nur einen qualitativen Einblick vermitteln, auch wenn sie äußerst aufschlußreich war und ich mich im Laufe des Buches öfter darauf beziehen werde.

Zwar war die Zielgruppe auf englische Unternehmen beschränkt, die meisten von ihnen haben jedoch Interesse an einer Internationalisierung. In diesem Buch wurde versucht, eine möglichst internationale Sichtweise einzubringen. Wir haben dafür Beispiele aus der ganzen Welt zusammengetragen und fühlten uns dazu verpflichtet, denn es gibt nur mehr wenige Unternehmen, die sich einen nationalen Horizont erlauben können. Der CEO von heute – und sei sein Unternehmen noch so klein und spezialisiert – muß die ganze Welt als einen Markt sehen. Das ist zwar positiv, bringt jedoch auch eine Menge Aufgabenbereiche, auf die ich im Buch näher eingehen werde. Ein CEO zu sein, war noch nie einfach, und die Herausforderung ist heute größer als je zuvor. Wenn es mit diesem Buch gelingt, die Aufgabe nur ein wenig zu erleichtern, hat es seinen Zweck erfüllt.

John Foden, CEO von PA Consulting Group, London, April 1991

Danksagung

Viele Leute waren an der Entstehung dieses Buches beteiligt; so gebührt mein besonderer Dank Bill Williams, Leiter der Corporate Communications von PA. »Geburtshelfer« waren Graham Jones und Andrew Osmond von The Company Writers, die uns halfen, die Worte zu Papier zu bringen – auch ihnen meinen Dank.

Verstärkung für das Buch kam von vielen PA-Mitarbeitern: Thomas Ahrens, John Barbour, David Cook, Drew Dickson, John Ginarlis, Martin Hobrough, Brian Houston, Graham Howarth, Michael Jackman, Neil Kilpatrick, Stephen Payne, Lars Procheus, Tom Sheridan, Paul Thornton, Donald Tilston und Glyn Tonge. Michael Thomas von Corporate Communications Strategy war ebenso eine Quelle zahlloser guter Vorschläge.

Dieser gemeinsame Erfahrungsschatz aus allen Teilbereichen einer Unternehmensberatung gibt mir das Vertrauen für die Glaubwürdigkeit dieses Buches, es basiert nicht nur auf meinen eigenen Meinungen.

Die Ratschläge stammen von mir persönlich, dafür trage ich die volle Verantwortung und hoffe, daß sie den Führungskräften von heute von Nutzen sind. Für diese Personen hege ich die größte Bewunderung.

Richtung 2000

I

Die Herausforderung in Ihrer Arbeit

Sie haben es also geschafft. Nach jahrelangem Erklimmen der Karriereleiter – vielleicht auch durch eine Beförderung oder weil Sie sich selbständig gemacht haben – sind Sie in die oberste Chefetage eingezogen.

Sehr wahrscheinlich hat Ihnen auch schon ein Kollege mit leicht süffisantem Lächeln gesagt: »Ich hoffe, es gefällt Ihnen . . .«

Etwas verwirrt haben Sie wohl »danke« geantwortet.

Lassen Sie sich nicht aus der Ruhe bringen, wenn Ihre Nerven strapaziert sind, wenn Sie sich alleingelassen fühlen.

Sehen wir uns zum Beispiel diesen Typ an, der Sie auf den Arm nimmt. Gestern noch war er nur ein Kollege, heute sind Sie sein Vorgesetzter, und er ist Ihnen unterstellt. Das ist ein großer Unterschied, mit dem er sich abfinden muß und mit dem auch Sie sich abfinden müssen. Die Stelle war frei, und Sie haben sie angenommen, es war Ihre freie Entscheidung. Also beklagen Sie sich nicht, wenn es schwierig wird.

Die Arbeit ist hart, manchmal entmutigend, auslaugend, verwirrend, oft furchterregend und immer mit Einsamkeit verbunden. Zu viele Vorbehalte wären aber genauso übertrieben. Ist Ihr überwiegendes Gefühl Ängstlichkeit, dann sind Sie vielleicht nicht der richtige Kapitän für das Schiff. Ohne Selbstvertrauen, würde ich sagen, kommt kein CEO aus.

Sie müssen das Gefühl haben, daß Sie der Richtige für diese Aufgabe sind. Sollten Sie daran zweifeln, bekommen Sie Probleme. Nichts sollte Ihnen Probleme machen – zumindest nicht für lange Zeit und nicht so, daß es jemand merken könnte. Durchhaltevermögen ist eine unabdingbare Voraussetzung für eine Unternehmensführung.

Und wie steht es mit ein bißchen Stolz, einer kurzen Pause zur Selbstbeglückwünschung, bevor die Verantwortung über Sie hereinbricht? Sie können ohne weiteres stolz auf Ihre Arbeit sein. CEOs findet man nicht wie Sand am Meer. Sie sind seltene und wertvolle Exemplare, die am Wohl der Allgemeinheit interessiert sind. Meiner Meinung nach genießen sie in der Gesellschaft nicht die Wertschätzung, die sie verdienen, besonders in England.

Zumindest war dies lange Zeit so. Jetzt, in den 90er Jahren, wird dem Erfolg im Unternehmen mehr Anerkennung gezollt als früher, wenn auch oft aus dem falschen Grund. Die Anhäufung von Reichtum, argwöhnt der Zyniker, beruht ausschließlich auf persönlichem Interesse, und dem sollte man ungehemmt frönen können.

Jemand, der mit so vieles CEOs zusammenkommt wie ich, weiß auch, wie unzutreffend dieses Argument ist. Natürlich sind materielle Werte wichtig, und Unternehmen müssen nun einmal Gewinn erwirtschaften, sonst gehen sie kaputt. Persönliche Reichtumsanhäufung ist jedoch nicht das Ziel, das die Leute in diese Positionen zieht. Sie arbeiten, weil sie etwas produzieren wollen, was andere Leute sich wünschen, etwas, das besser ist als das der Konkurrenz, etwas, das auch sie befriedigt. Sie arbeiten, um der Firma zu Ruhm zu verhelfen, um ihre Familien zu erhalten und um ihrem eigenen Leben einen Sinn zu geben. Es gelten also weit mehr Motive als bloßes Eigeninteresse, und das besonders bei CEOs. Fragen Sie

sie, warum sie diese Arbeit machen, und Sie werden die verschiedensten Antworten bekommen; »des Geldes wegen« habe ich aber noch niemanden sagen hören. Viel öfter gilt es, einen (auch inneren) Auftrag zu erfüllen, eine Vision zu verwirklichen.

Ein Unternehmen zu führen ist eine ehrenvolle Aufgabe. Sie sollten stolz darauf sein. Es kann auch großen Spaß machen, und Sie als CEO werden die Aufregung des Gewinnens, das wohlige Gefühl des Erfolges besonders auskosten.

Und Sie werden nicht ohne Unterstützung dastehen. Zwar können Sie keine Anteilnahme erwarten, Hilfe jedoch sehr wohl. Wenn Sie ein fähiger Mensch sind, werden Sie ein Team um sich aufbauen, das loyal und kollegial ist und auf das Sie in guten wie in schlechten Zeiten rechnen können. Das Team wird sich bemühen, Ihnen bei Ihrem Erfolg behilflich zu sein, und Ihnen wird es Freude machen, seine Fähigkeiten optimal einzusetzen. Auch das ist eine Führungsqualität.

Sie sollten also mit (Selbst-)Vertrauen, Stolz und Freude an Ihre neue Aufgabe herangehen. Ihre Haut sollte dick genug sein, um Erschütterungen auszuhalten, und Ihr Kopf sollte auf die kommenden Herausforderungen eingestellt sein – Sie werden all Ihre Energie brauchen.

2

In die 90er Jahre

In unserer Umfrage äußerten sich die britischen CEOs – zur Weltlage befragt – durchaus optimistisch. Die meisten von ihnen meinten, daß die 90er Jahre trotz der üblichen Schwierigkeiten sehr vielversprechend wären. Es könnte trotz Anlaufschwierigkeiten ein Jahrzehnt des Fortschritts und der Chancen werden.

Ich finde diese Aussagen ermutigend. Sind sie aber typisch für CEOs? Ich glaube schon.

Natürlich können manch andere Aussagen dieser Studie überall in der Welt auftauchen, was nicht verwunderlich wäre. Heißt doch Internationalisierung der Märkte auch, daß alle mit den gleichen oder ähnlichen Bedingungen konfrontiert sind. Gleichgültig, welches Land oder welche Branche, die Rollen der CEOs unterscheiden sich nicht mehr wesentlich voneinander. Und die verbleibenden Unterschiede gehen meist auf unterschiedliche Entwicklungsstadien der Unternehmen zurück.

Unsere Testgruppe hatte nicht das Gefühl, daß sich ihre Rolle in den letzten Jahren wesentlich geändert hätte. Ihrer Meinung nach hatten CEOs klare Aufgaben zu erledigen: eine Strategie zu entwickeln; das richtige Team um sich aufzubauen; eine gute Kommunikation zu gewährleisten, besonders mit den Medien und den Finanzbehörden; Träger von Veränderungen innerhalb des Unternehmens zu sein.

Was sich sehr wohl geändert hat und sich auch jetzt noch ändert, ist die Unternehmensumwelt, in der die Verantwortung getragen wird. Hier ist mehr Vorsicht in den Aussagen zu bemerken.

Marktgrenzen verschwinden zusehends, darüber waren sich alle einig. In immer mehr Bereichen dehnen sich Aktivitäten auf die ganze Welt aus, was einerseits eine Chance, andererseits auch eine Bedrohung bedeutet, denn Konkurrenz kann plötzlich überall auftauchen.

Weiters zeigten sich die befragten CEOs von der Geschwindigkeit des Wirtschaftslebens beeindruckt; großteils ist diese Beschleunigung auf stärkere Konkurrenz sowie auf die Kommunikationstechnologie zurückzuführen. Daher müssen auch Entscheidungen schneller getroffen werden, die wiederum mit Hilfe der schnelleren Information leichter verarbeitet und weitergegeben werden können.

Es wurde auch einhellig eine Polarisierung der Märkte festgestellt: um erfolgreich zu sein, muß man entweder eine gewisse Größe haben oder in einer Marktnische arbeiten. Auch bei entsprechender Größe muß man sich die Marktanteile sorgfältig aussuchen. Kein Großunternehmen kann die Welt auf allen Gebieten beherrschen.

Es wird für Unternehmen auch immer schwieriger, im Alleingang erfolgreich zu sein. Mit der geographischen Expansion der Märkte sind Joint-ventures oder andere Arten der Kooperation oft der einzige Weg, sich Chancen des internationalen Wachstums nutzbar zu machen. Kopfzerbrechen bereiten auch die steigenden Kosten in Forschung und Technologie, was ebenfalls vermehrte Zusammenarbeit erfordert. Die Suche nach geeigneten Partnern bzw. Übernahmen ist bereits fixer Bestandteil in der Arbeit eines CEO.

Dies waren die wichtigsten Trends, die aus unserer Untersuchung herauszulesen waren. Drei weitere Trends werden meiner Meinung nach das kommende Jahrzehnt prägen.

Der erste Trend ist die Geschwindigkeit der technologischen Veränderungen. Wir haben uns so an Veränderungen gewöhnt, daß sie schon zum Klischee geworden sind. Trotzdem sollten wir uns mit ihnen auseinandersetzen. Ich glaube, daß in den 90er Jahren technologische Veränderungen auf uns zukommen, die die 70er und 80er Jahre im Vergleich dazu langsam erscheinen lassen werden. Ganze Märkte, ganze Industriezweige werden einfach verschwinden, und neue werden entstehen.

Ein weiterer Trend in der Industrie ist die Verlagerung von Innovationen: weg vom Prozeß, hin zu den Produkten. Japan ist hier wegweisend. Bei Produktionsmethoden hat dieses Land ja schon die Richtung bestimmt. Vielleicht nimmt im Moment die Bandbreite radikaler Veränderungen etwas ab. Die Japaner versetzen jedoch weiterhin mit ihren Produkten die Welt in Staunen, und wir werden wohl noch mit weiteren Überraschungen rechnen müssen. Andere Länder bewegen sich gerade erst weg von der Produktionsrevolution hin zu gewagteren und größeren Produktinitiativen.

Drittens gibt es einen wachsenden Konsens darüber, daß Klarheit und Zukunftsorientiertheit wesentlich zum Unternehmenserfolg beitragen. Strategien, die für drei Jahre anberaumt sind, müssen in einen Zeitrahmen von zehn Jahren projiziert werden. Die großen Erfolge der modernen Industrie – in Japan, Europa oder Nordamerika – beruhen alle auf der konsequenten Verfolgung dieser Perspektiven.

Die Industrie wird Innovationen mit mehr Nachdruck unterstützen müssen als bisher; dafür sollten die Finanzmärkte mehr Bereitschaft zeigen, in langfristige Industriepläne zu investieren. Auch Regierungen könnten durch spezifische Förderungen technologischer Entwicklungen beträchtlich zu Langzeitperspektiven beitragen. Für einen langfristigen Erfolg in der Industrie reicht es nicht aus, sich nur über eine bessere Aus- und Weiterbildung sowie eine bessere Infrastruktur Gedanken zu machen. Die herstellende Industrie ist die Antriebskraft der Wohlstandsbildung. Aus diesem Grund braucht sie auch kräftige Unterstützung seitens der Regierungen, die die Ziele festlegen, die Richtung angeben und eine entsprechende Infrastruktur schaffen müssen.

Wie kann man von Industriellen erwarten, eine Langzeitperspektive zu entwickeln, wenn die Finanzwelt und die Politiker nicht daran interessiert sind? Der Entschluß zur industriellen Wettbewerbsfähigkeit muß jeden Gesellschaftsbereich umfassen. Hier in Europa müssen wir z. B. lernen, uns selbst als größte Industriemacht zu sehen, die innerhalb der Weltwirtschaft auf Langzeiterfolg ausgerichtet ist.

Kurzum, der CEO von heute muß die Notwendigkeit einer Langzeitplanung erkennen. Eine entsprechende soziale und ökonomische Kultur können ihm dabei behilflich sein; andernfalls wird er einen harten Kampf auszutragen haben.

Markt-Know-how

3

Die Wahl des Marktes

Vielleicht haben Sie eine Marketingkarriere gemacht und sind so in die oberste Etage gekommen, wie es bei einigen CEOs der Fall ist. Jetzt besteht allerdings keine Notwendigkeit mehr, aller Welt zu zeigen, daß Sie der firmenbeste Verkäufer sind. Das ist nicht Ihre Aufgabe – Sie haben wichtigere Dinge zu tun.

Trotzdem ist es von Zeit zu Zeit wichtig, sich vorne an der Verkaufsfront zu zeigen. So sollten Sie etwa bei der Suche nach Märkten die Führung übernehmen; manche Türen stehen nämlich nur den CEOs offen. Falls nötig, schalten Sie sich auch erst am Ende ein; wenn Sie persönliches Interesse zeigen, kann das zum Abschluß eines Geschäftes beitragen. Diese Interventionen und die dafür nötige Zeit sollten Sie jedoch sorgfältig auswählen. Sie haben nichts mit Selbstbestätigung oder einem vollen Kalender zu tun. Sobald Sie Ihren Beitrag geleistet haben, gehen Sie in Ihr Büro zurück und widmen sich wieder Ihren Gedanken. Dafür werden Sie schließlich bezahlt, und es ist bedeutend schwieriger als verkaufen. »Die meisten Leute sterben lieber, als zu denken«, meinte Bertrand Russell, ». . . und die meisten Leute tun es auch.«

Ihre Arbeit ist nicht das Marketing, sondern an neue Märkte

zu *denken.* Wie aber können Sie Ihr Denken am besten organisieren? Welche Prioritäten gibt es dabei?

Unsere Umfrage ergab, daß CEOs mehr als die Hälfte ihrer Zeit für marktbezogene Themen verwenden, wobei die Themen nicht genau definiert waren. Weiters herrschte Einigkeit darüber, daß sich CEOs auf Wettbewerbsstrategien konzentrieren sollen. »Wie gut sind wir im Rennen? Könnten wir besser sein? Sind wir aggressiv genug?« sind die häufigsten Fragen. Die Internationalisierung der Märkte und die damit verbundene härtere Konkurrenz liegen allen im Magen; dazu kommt die Erkenntnis, daß man entweder wirklich sehr groß sein oder in einer Marktnische operieren muß.

Achtung! – Größe und Nische müssen nicht immer Alternativen sein. Eine kleine Nische kann weltweit ausgenützt werden – siehe McDonald's – und *muß* es manchmal sogar werden, wenn sie den nötigen Gewinn bringen soll.

Im Grunde arbeiten alle erfolgreichen Unternehmen, auch die größten, in irgendeiner Nische. Sie haben Erfolg, weil ihre Produkte auf einem sorgfältig ausgewählten Marktsegment dominieren und – wie Unternehmen – die richtige Zielgruppe anpeilen.

Und genau das ist Ihre erste und wichtigste Aufgabe. Sie müssen sich absolut im klaren darüber sein, auf welches Marktsegment Ihre Produkte abzielen sollen. Zweitens müssen Sie dafür sorgen, daß die Unternehmensenergie in den gewählten Sektor fließt.

Das können nur Sie als CEO bestimmen. Sonst niemand.

Es ist eine zu heikle Entscheidung für den Marketingdirektor allein. Er wird Chancen aufspüren, ist jedoch selten bereit, wirklich dranzubleiben. Er wird eine Meinung haben, einen Beitrag einbringen, er kann jedoch keine kritische Entscheidung treffen. Das können nur Sie, und dazu holen Sie sich die nötigen Informationen von Fachleuten.

Nur Sie können sicherstellen, daß Ihr Produkt auf das richtige Marktsegment abzielt – es liegt an Ihnen, die richtige Entscheidung zu treffen. Genau hier ist die Nuß zu knacken. Ein Unternehmen kann nur dann existieren, wenn es ein Produkt oder ein Service anbietet, das am Markt gefragt ist. Liegen Sie falsch, verschwindet auch das Unternehmen.

Denken Sie an Horlicks. Ursprünglich kam es Ende des 19. Jahrhunderts als Trockennahrung für Kinder auf den Markt und hatte erstaunlich bald Erfolg. In den 20er Jahren kam die Firma schon durch die Konkurrenz von Ovomaltine unter Druck. J. Walter Thompson wurde als Werbemanager geholt und hatte die Idee, Horlicks als Gute-Nacht-Getränk anzubieten. Volltreffer für den Horlicks-Vorstand, diese Idee zu unterstützen!

Denken Sie an PA, mein eigenes Unternehmen. Der weltgrößte Markt für Unternehmensberatung sind die Vereinigten Staaten. Heißt das nun, daß wir uns mit dem gleichen Leistungsangebot wie für Europa und Australien darauf stürzen können?

Aus Erfahrung kann ich das verneinen. Nach einer Versuch-Irrtum-Periode haben wir inzwischen in Nordamerika zwar Fuß gefaßt, mußten jedoch einige Dinge komplett ändern, um uns an den Markt anzupassen. Kurzum, wir hatten den Markt falsch eingeschätzt.

Ich komme später noch einmal auf die Erfahrungen von PA zurück, möchte jedoch vorher einige Beobachtungen zum amerikanischen Markt im allgemeinen einbringen. Eine Abschweifung, gebe ich zu, die aber gut in den Kontext paßt. Viele Unternehmen sollten mehr darüber wissen, denn es werden haarsträubende Fehler gemacht.

Der amerikanische Markt sucht seinesgleichen. Zwar gibt es an der Oberfläche einige Ähnlichkeiten mit anderen Märkten, aber das täuscht. Die USA sind voll mit Überresten ausländischer Firmen, die ihre Binnenmarktstrategie einfach 1:1 übertragen wollten.

Was also macht den amerikanischen Markt so einzigartig? Die Antworten auf diese Frage könnten Bücher füllen, ich bringe hier nur einige davon:

- Allein seine Größe macht sämtliche Prognosen ungültig, da die meisten Neulinge keine Vergleichsmöglichkeit haben.
- Eine Folge der Größe ist der hochsegmentierte Markt – ein Mosaik von Nischen –, und die guten Spieler bewegen sich sehr wendig darin. Es ist schwierig zu entscheiden, wo man sein Zelt aufschlagen soll.
- Freiheit und Auswahl sind in Amerika so zentrale Punkte, daß die Konsumenten eine viel größere Produktpalette begrüßen, ja fordern, als in Europa – egal ob es sich um Fernsehkanäle oder Müslis handelt. Die Konkurrenz ist hart und eine gute Idee bald imitiert.
- Die amerikanische Gesellschaft stützt und fördert das Individuum weit mehr als andere Gesellschaftssysteme, und das besonders beim Unternehmer. Kleinbetriebe vermehren sich wie Pilze und schießen über Nacht in jeder nur denkbaren Marktnische aus dem Boden.
- Der amerikanische Markt ist auf seine Art provinzlerisch. Das Land hat so immense Naturressourcen, daß es sich um andere Teile der Welt gar nicht zu kümmern braucht.
- Die Menschen sind offen, zugänglich, ehrlich. Es ist einfach, mit Amerikanern Sitzungen zu vereinbaren, sie lieben Sitzungen. Gerne über etwas zu reden, heißt jedoch nicht, auch gleich zur Durchführung überzugehen. Es kann schwierig sein, Entscheidungen herbeizuführen.
- Die Regierung übertrifft jede europäische, sogar die französische, an Chauvinismus. Einen Auftrag auf dem öffentlichen Sektor zu erhaschen, ist für Nicht-Amerikaner beinharte Knochenarbeit.
- Amerika ist kein einheitlicher Markt, wie wir ihn kennen, es ist eine Ansammlung von Gebieten mit jeweils einer eige-

nen Subkultur. So gibt es z. B. in der Art der Geschäftsabwicklung zwischen Chicago, Los Angeles und Houston beachtliche Unterschiede.

- Arbeitnehmer stellen höhere Ansprüche an ihre Arbeitgeber, nicht nur bei Gehältern und Sonderleistungen, sondern bei allen Faktoren, die zu Zufriedenheit, Prestige und gutem Betriebsklima beitragen. Sie haben auch die Freiheit, auf der Stelle zu gehen. Die Mobilität ist viel ausgeprägter . . .

Und so weiter. Die Liste wäre noch länger, aber sie reicht aus, um zu zeigen, was ich meine. Der amerikanische Markt ist anders, und einige seiner Facetten stellen ausländische Firmen vor besondere Probleme. British Telecom hatte es nicht leicht, und über Apricot wurde in der Presse von 14 Mio. Pfund Schmiergeldern für Umsätze von 1 Mio. Pfund pro Jahr gemunkelt. Es kann aber auch gutgehen, wie man bei Grand Metropolitan gesehen hat.

Nun zurück zu PA: Auch wir haben Fehler gemacht. Einige der Lektionen, die wir gelernt haben, können auch für andere hilfreich sein.

Wir gingen von der Annahme aus, daß der amerikanische Markt jedem anderen hochentwickelten Markt ähnlich sein werde. Unsere Manager waren in der Mehrheit britischer Herkunft, und das Unternehmen hatte die uns vertraute Struktur. Wir wollten ein landesweites Vorhaben von einem Standort aus betreiben und glaubten, daß unser Ruf uns schon vorausgeeilt war.

Wenn Sie uns heute besuchen, hat sich einiges geändert. Erstens wendeten wir viel Zeit und Geld für eine Analyse des amerikanischen Beratermarktes auf sowie für die Erhebung von Kriterien, die uns vom dortigen Markt unterschieden; dann überlegten wir, was zu tun wäre, um diese Kriterien potentiellen Kunden schmackhaft zu machen. Im Zuge dessen wurden wir uns bewußt, daß dafür eine wirklich gründliche Analyse notwendig war.

Dann fanden wir zwei Schlüssel zum Erfolg: Fokus und Kultur.

Der Fokus kann auf Geographie (wir konzentrierten uns auf die Ostküste) oder Industriezweige (wir konzentrierten uns auf nur drei bis vier Sektoren) oder Dienstleistungen (wir konzentrierten uns auf technologisch orientierte Fähigkeiten) gesetzt werden.

Trotzdem ist unsere gewählte Marktnische so groß, daß wir noch gar nicht an deren Grenzen gestoßen sind.

Der Kulturfaktor ist schwieriger zu erfassen. Wir haben erst nach und nach die Konsequenzen begriffen, die eine Gesellschaft mit sich bringt, in der den Rechten jedes einzelnen ungewöhnlich viel Beachtung geschenkt wird. Wir haben auch gelernt, mit der größeren, aber auch oberflächlicheren Arbeitserfahrung unserer Angestellten und der daraus folgenden höheren Mobilität umzugehen. Vor allem haben wir gelernt, uns genauso schnell dem Markt anzupassen, wie dieser sich ändert – und das tut er in Amerika schneller als sonstwo auf der Welt. Das bedeutete die Loslösung des Unternehmens von europäischen Strukturen und Einstellungen sowie weniger britische Manager, dafür mehr amerikanische.

Keine Angst, ich werde in diesem Buch an keiner Stelle mehr soviel über meine eigene Firma reden wie hier! Es schien mir jedoch angebracht, diese Erfahrung eines knieweichen Startes auf einem der schwierigsten Märkte an die Leser weiterzugeben.

Die Moral von der Geschichte?

Die Wahl des Marktes ist nicht einfach – und lebenswichtig. Letzten Endes ist es Ihre Entscheidung, aber viele verschiedene Faktoren können Ihnen dabei behilflich sein.

Fokus ist wichtig. Sie müssen einen Markt wählen, wo Sie heute gewinnen können und auch morgen, und Ihr Unternehmen muß im Ausland klarere Ziele haben als zu Hause.

Es wäre ein großer Fehler, diese Entscheidungen Ihren Marketingleuten zu überlassen. Denken Sie an die beiden Schuhverkäufer, die vor vielen Jahren einen neuen Markt entdecken sollten. Der eine telegraphierte nach Hause: Kein Markt hier – Eingeborene gehen barfuß. Der andere schrieb: Keine Schuhe hier – große Marktchancen.

Welches Telegramm hätten Sie in den Papierkorb geworfen?

4

Am Markt erfolgreich sein

Haben Sie Ihren Markt gewählt, müssen Sie auf Erfolg hinarbeiten; diese zwei Bedingungen sind beinahe ident, denn wenn Sie den Markt gut gewählt haben, ist auch Ihr Produkt erfolgreich und umgekehrt.

Es gibt jedoch einen kleinen Unterschied, und darin liegt Ihre große Marketingverantwortung. Denn auf dem Segment, das Sie gewählt haben, müssen Sie dominieren. Also zuerst wählen, dann gewinnen.

Aber wie?

Wir sagen unseren Firmen immer, sie müssen »marktorientiert«, »marktbestimmt« sein, aber das ist heutzutage zu passiv: jeder ist vom Markt bestimmt, und jeder kopiert brav. Unternehmensklischees kennen und können wir schon im Schlaf.

In den 90er Jahren ist ein frischer Wind gefragt. Nennen wir es Marktfokus. Ich glaube, nur diejenigen Unternehmen werden erfolgreich sein, die sich zu 100% auf den Markt konzentrieren, um dem Kunden etwas Einzigartiges anzubieten. An ihrem Produkt muß etwas sein, das kein Konkurrent hat, und dieses Etwas zu behalten und sogar auszubauen – es kann auch leicht verlorengehen – muß wie ein Fieber das ganze Unternehmen erfassen und es vorantreiben.

Wahrer Marktfokus kommt selten vor. Meiner Einschätzung nach ist es nur ein oder zwei Prozent der Firmen wirklich gelungen, eine derartige Kultur aufzubauen. Und die kann nur von oben kommen. Nur Sie als CEO können sie hineinbringen, und das ist sicher nicht einfach. Wunder gibt es keine. Ideen, Führung und Dynamik kennzeichnen ein Unternehmen, das sich der Marktbeherrschung verschrieben hat.

Das Problem ist nur, daß »alles fließt«. Das »Etwas« von heute ist morgen alltäglich und übermorgen überholt. Es muß daher enorme Dynamik aufgewendet werden für eine endlose Suche nach neuen und besseren Wegen, den Konsumenten diese besonderen Werte anzubieten.

Unaufhörliche Produktverbesserungen, Vorausblick bei der Nachfrage sind eine Selbstverständlichkeit. Das Credo des Erfolges ist ein ganz neues Produkt, das noch niemand kennt.

Denken Sie an den britischen und amerikanischen Mineralwassermarkt. Wer hätte gedacht, daß Perrier ihn erobern würde? Das Unternehmen sah eine Chance, das steigende Gesundheitsbewußtsein und die damit verbundene Abwendung von Alkohol für sich zu nutzen. Der hohe Preis kam ihnen zugute: Es wurde schick, bei einem Glas Perrier gesehen zu werden.

Denken Sie an Frischhaltefolien, Photokopiergeräte und Telefaxe, Mobiltelephone und Kassettenrecorder. Wie sind wir je ohne sie ausgekommen?

Solche Innovationen kommen nicht durch Werbung. Sie sind und bleiben erfolgreich, weil sie eine reale Nachfrage decken. Schließlich kaufen die Leute, was sie wollen, und nicht, was ihnen jemand anderer einredet. Die besten Produkte werden dadurch entdeckt, daß man sich konkrete alltägliche Situationen vorstellt und sich den Kopf darüber zerbricht, wie diese erleichtert oder verbessert werden könnten.

»Katzenaugen« (Reflektoren in der Straßenmitte) sind wahrscheinlich deswegen eingeführt worden, weil man sich das Autofahren bei Nacht vorstellte, wie man dabei nach reflektierenden Objekten außerhalb des Scheinwerferradius sucht. Eine neuere Erfindung ist der »Workmate«, eine Arbeitsbank für den Heimwerker, dessen Haus für eine Werkstatt zu klein ist. Black & Decker hat hier den Nagel auf den Kopf getroffen.

Kurzum, gute neue Produkte können nur von einem Unternehmen kommen, das sich auf den Markt konzentriert. Voraussetzung für Erfolg ist Anpassung an die Bedürfnisse des Konsumenten. Geht dieser Fokus verloren, stehen Probleme schon vor der Tür.

Sehen Sie sich z. B. einmal die Konkurrenz bei Heimcomputern an. Amstrad hatte vor, einen Hochpreismarkt mit Niedrigpreisprodukten zu erobern, und das gewisse »Etwas« bestand aus einer Kombination von billiger Herstellung mit gutem Marketing. Apple verkaufte seinen PC auf einem undefinierten Markt: er war zwar für Büros attraktiv, für Privatzwecke jedoch zu teuer. IBM drängte ihn dann mit einer überarbeiteten, rein auf das Büro zugeschnittenen Version vom Markt, worauf Apple mit seinem Apple Macintosh auf Desktop publishing setzte. Das ist ein gutes Beispiel für Erfolg durch rasches Reagieren – zum Unterschied von Sinclair, der zu lange seinen ersten Erfolg auskostete. Jeder wollte einen Sinclair zu Hause haben, doch dann bekam er das Image eines Spielzeuges und schied aus dem Markt aus.

Die Sünde im marktorientierten Unternehmen ist es, einen Konkurrenten zu verschlafen; das geschieht nicht nur auf dem rauhen Computermarkt. Denken Sie an Tennis. Slazenger und Dunlop, jahrelang Marktleader, übersahen die Nachfrage nach größeren Rackets, und schon ging das Match an Prince. Die Konkurrenz kommt auch nicht immer von marktinternen Unternehmen – Yamaha produziert seit 1887 Musikinstrumente und stieg erst 1955 auf Motorräder um.

Um auf Ihrem Marktsektor zu dominieren, müssen Sie natürlich am letzten technologischen Stand sein. Noch wichtiger – und das dürfen Sie nie aus den Augen verlieren – ist es jedoch, dem Konsumenten einen gesteigerten Wert anzubieten; das muß nicht immer mit technischer Ausgefeiltheit verbunden sein. Das Concorde-Flugzeug ist z. B. eine tolle technische Errungenschaft, aber zu wenigen Kunden ist die Zeitersparnis den hohen Preis wert. Das gleiche gilt für Betamax-Videokassetten. Von der technischen Ausführung her war dieses Sony-Produkt sicher besser als VHS, aber das ist ein geringer Trost, wenn die meisten Filme, die die Leute sehen wollen, auf VHS erhältlich sind.

Also: Marktfokus geht vor, und jede kluge technische Idee, die auf Ihrem Schreibtisch landet, muß sich ihm unterordnen. Bringt sie Ihren Kunden keinen zusätzlichen Wert oder Ihnen keinen Vorteil gegenüber Ihren Konkurrenten, können Sie sie wieder in der Schublade verschwinden lassen.

Das Spiel ist ohne Ablenkungen schon hart genug – also bleiben Sie am Ball!

5

Den Markt erweitern

Sie wählen also Ihren Produktsektor und mühen sich redlich ab, der Beste zu sein. So weit, so gut. Märkte sind aber keine Fußballfelder mit sorgfältig gezogenen weißen Linien, die sich nie ändern. Produktsektoren werden kleiner oder größer, mischen sich mit anderen oder verschwinden überhaupt. Sie können sich auch ändern: durch Technologie, Konkurrenz, sozialen Wandel oder einfach Modetrends.

Aus diesem Grund ist es nützlich, ein Auge auf die Grenzen zu haben. Gibt es vielleicht auch andere Märkte, wo sich Ihr Produkt verkaufen ließe? Gibt es andere Produkte, die sich auf Ihrem Markt verkaufen ließen? Schlachten Sie Ihre Handelsmarke auch gut aus?

Es gibt einen natürlichen Ehrgeiz, der Sie dazu bringen wird, Ihr bestehendes Produkt möglichst weit zu entwickeln und neue, ähnliche Produkte einzuführen. Sich jedoch zu lange darauf zu konzentrieren, schränkt Sie in Ihrer Flexibilität bei Veränderungen ein.

Dem CEO kommt eine Schlüsselfunktion zu, wenn es darum geht, den richtigen Zeitpunkt herauszufinden, ausschließlich auf die Gewinnerrolle auf bestehenden Märkten zu setzen oder deren Grenzen zu durchbrechen und neue Märkte zu erschließen. Mit Gewinnmaximierung kommt man leichter zurecht, jede zusätzliche Belastung für das Management sollte gut überlegt werden.

Beachten Sie, daß es einen richtigen Zeitpunkt für die Erschließung neuer Märkte gibt, aber auch einen falschen Zeitpunkt. Coloroll z. B. vergaß in seinem Eroberungseifer, sich auch um die alten Märkte zu kümmern, was natürlich nicht ohne Folgen blieb.

Weiters muß der CEO bei der Erschließung neuer Märkte ein Gespür haben, ob eine Diversifikation dem Unternehmen zugute kommt oder nicht. Irgendwann verläßt es sein vertrautes Stück Land, aber wo dieses Land endet, muß der CEO erkennen.

Einige Diversifikationen sind von Anfang an ein Vabanque-Spiel: entweder sie schlagen am Markt ein, oder sie gehen unter. Denken Sie an Sinclairs Elektroauto: Es war doppeltes Risiko, denn es verband Diversifikation mit einer nur scheinbar radikalen Innovation (in diesem Fall wäre der Untergang vorauszusagen gewesen, denn das Produkt hat nie eine Marktnische gefunden).

In anderen Fällen ist das Risiko nicht so offensichtlich. Oberflächlich betrachtet kann eine Diversifikation eine logische Erweiterung Ihrer bisherigen Aktivität sein, und gerade da ist besondere Vorsicht geboten – Achtung vor falschen Ähnlichkeiten.

So ist es leicht nachzuvollziehen, wie Saatchi zur Unternehmensberatung kam. Es schien eine logische Erweiterung ihrer Marketingaktivitäten zu sein. Tatsächlich ist es aber eine ganz andere Branche, mit anderen Leuten und einem anderen Ansatz, mit anderen Qualifikationen und Aufgaben. Wenn auch die Zielgruppe die gleiche war, hatte Saatchi deren Widerstand gegen ähnliche Produkte empfindlich unterschätzt. Das Unternehmen hatte einen neuen Markt betreten, und noch dazu einen, von dem es nichts verstand und wo der Fehler angesichts der Unternehmensgröße noch schwerwiegender war. Der Preis war zu hoch für eine Vielfalt von Firmen, die keinen gemeinsamen Nenner hatten.

Die Diversifikation der City in London (Bankbezirk in London, vgl. Wall Street in New York) zeigt am deutlichsten die Konsequenzen von falschen Ähnlichkeiten. Als eine neue gesetzliche Bestimmung die Grenzen zwischen Finanzdienstleistungen aufhob, ver-x-fachten sich auch die Fehlerquellen. Banken wurden zu Börsenmaklern, Versicherungen mischten bei Immobilien mit. Oft nicht sehr erfolgreich und manchmal mit katastrophalen Ergebnissen.

Einige der frühen Diversifikationen, wie der Einstieg von Lloyds Bank in das Immobiliengeschäft oder Security Pacifics Verbindung mit Hoare Govett, hatten eine gutdurchdachte Strategie und einen vernünftigen Übernahmepreis. Doch dann kam bei dieser Art von Übernahmen ein Hauch von Mode dazu, und jede Vernunft wurde links liegengelassen. Mitte der 80er Jahre setzte eine wahre Hysterie ein, jeder wollte ein Stück vom Kuchen haben, als die großen Finanzinstitute hinter einer begrenzten Anzahl von Börsen- und Immobilienmaklern her waren.

Falsche Ähnlichkeiten sind eine Falle – ich werde darauf im Kapitel über Fusionen und Übernahmen eingehen –, und das beste Beispiel dafür war der Kauf von Immobilienbüros. Auf den ersten Blick schien es von gesunder Logik zu sein. Durch diese Akquisitionen versuchten die Banken, Versicherungen und Bausparkassen ihren Zugang zum Markt zu schützen. Sie fürchteten, daß gut eingeführte Immobilienbüros sich auch auf den Finanzmarkt wagen würden. Der Kunde war jedoch in erster Linie an einem Haus interessiert; alle Kredite, Lebensversicherungen und Hypotheken waren nur Mittel zum Zweck. Vertikale Integration, vom Kunden zurück zur Finanzquelle, schien ein kluger Schachzug zu sein.

Das Problem für die Finanzinstitute war nur, daß sie keine Ahnung von der Dynamik des Marktes hatten. Das Geschäft eines Immobilienbüros hängt von der Menge ab – sinkt sie, sinkt auch der Gewinn. Weiters wurden die Kunden ganz falsch eingeschätzt, als es darum ging, welchen Unterschied sie z. B. zwischen einem Immobilienbüro und einer Bausparkasse sahen: Immobilienbüros sind Verkäufer, und ihre Aufgabe besteht darin, Häuser hin und her zuschieben. Eine Bausparkasse ist ganz anders: sie ist ein professioneller Wächter ihres Geldes. Sie hat ein konservatives Image, und das ist gut so. In den Augen des Kunden haben diese zwei Arten von Geschäften nichts miteinander zu tun – eines ist rein marktwirtschaftlich orientiert, das andere eine seriöse Dienstleistung.

Wen wundert es da noch, daß einige dieser Heiraten schiefgingen?

Und die Moral von dieser Geschichte? Jegliche Diversifikation muß das Resultat einer Langzeitstrategie sein: sorgfältig vorbereitet und in Ruhe durchgeführt. Jede Art von Eile, um »dabei« zu sein oder aus einer Defensive heraus, bringt Unglück. Modetrends sind kein guter Maßstab bei Geschäften. Wenn auch Fusionen und Übernahmen Schwung in die Börse und in die Wirtschaft gebracht haben, so darf ihr Erfolg für die jeweiligen Unternehmen nicht überbewertet werden. Es gibt genug Beweise dafür, daß die übernommene Firma – unfreiwillig – meist mehr an der Inflation ihrer Aktienkurse gewinnt als ihr siegreicher Käufer, der die Rechnung begleichen muß.

Was können wir also aus den Fehlern lernen? Ist »Synergie« das Zauberwort? Nein, manchmal ist Diversifikation vernünftig. Der Schlüssel zum Erfolg liegt darin, zu wissen, wie Synergien verwirklicht werden – das ist ein Kunststück, das ich in Kapitel 17 (Fusionen und Übernahmen) behandeln werde.

In diesem Kapitel ging es darum, wie Diversifikationen mißlingen können. Eine Diversifikation ist dann gefährlich, wenn Sie damit Ihr Aktivitätsfeld ganz verlassen. Um Erfolg zu haben, müssen Sie den Markt, das Produkt oder den Prozeß kennen, mindestens einen – besser zwei – dieser drei Faktoren. Sind Ihnen alle drei neu, fordern Sie das Unglück heraus – Sie werden scheitern und das gesamte Unternehmen mit Ihnen.

Tun Sie es nicht, begraben Sie lieber hochfliegende Phantasien, bevor Sie noch in den Vorstand kommen. Denn Diversifikation ist spannend, besonders für jene Leute, die sich bei ihrer Arbeit schon langweilen. Als CEO müssen Sie solche Emotionen, die nicht zur Geschäftsplanung passen, im Zaum halten.

6

Der Quantensprung

Es gibt Augenblicke, wo Ihre Position Mut und Bestimmtheit verlangt, wo Risken nicht umgangen oder delegiert werden können. Nur Sie entscheiden, und damit begeben Sie sich aufs Glatteis.

Mir fallen einige Beispiele ein, aber der härteste Nerventest ist wahrscheinlich die Langzeitentwicklung eines neuen Produktes.

Ihr jetziges Produkt wurde schon x-mal verbessert und kann mit jeder technologischen Entwicklung Schritt halten. Dennoch sinken die Gewinne. Die Entwicklung kostet immer mehr und bringt immer weniger. Der Marktvorsprung ist minimal und bald eingeholt, die Konkurrenz ist dicht auf den Fersen.

Also was machen Sie? Bleiben Sie im Rennen, oder machen Sie einen Quantensprung, wechseln Sie über zu einem neuen Produkt mit ganz anderer Technologie?

Dieses Dilemma gibt es in jedem guten Unternehmen einmal – zumindest in jedem, das für Veränderungen offen ist. Vielleicht müssen Sie sich in Ihrer Zeit als CEO nicht damit auseinandersetzen, wenn doch, werden Sie starke Nerven brauchen.

Ein klassischer Fall ist Pilkingtons Wechsel zu Floatglas. Unter enormem Kostenaufwand entwickelte die Firma ein ganz anderes Verfahren zur Glasherstellung, das eine bessere optische Qualität hatte, kosteneffizienter und umweltfreundlicher war, da 25% des Glases, die beim alten Verfahren weggeschliffen werden mußten, jetzt als schlammige Flüssigkeit weggewaschen wurden. Diese Entwicklung hatte sieben Jahre gedauert, viele Millionen Pfund gekostet und einen großen Vertrauensvorschuß seitens der Firmendirektion erfordert. Es hat sich ausgezahlt – jetzt vergibt Pilkington Lizenzen in der ganzen Welt. Hätte die City sich auf dieses Roulettespiel eingelassen? Das werden wir wohl nie erfahren, denn Pilkington war zu jener Zeit eine kleine GmbH.

Es ist dies jedenfalls ein sehr deutliches Beispiel für eine *Prozeß*entwicklung: für das gleiche Produkt wurde ein anderes Herstellungsverfahren gefunden. Die Hürde wurde genommen, der Markt war bereits vorhanden. Investitionen wurden zur Reduktion der Produktionskosten getätigt, das war ein quantifizierbares Risiko, wenn auch im Falle Pilkington die technischen Tücken der Arithmetik ein Schnippchen schlugen.

Bedeutend höher ist das Risiko bei der *Produkt*entwicklung, denn hier ist auch der Markt unbekannt. Sie stellen etwas Neues her, das es bis jetzt nicht gegeben hat, und der Preis richtet sich nach den Kosten. Werden die Leute kaufen oder nicht? Wird Ihnen ein Konkurrent mit einem ähnlichen oder besseren Produkt zuvorkommen? Dies sind die unbekannten Variablen bis zur Produkteinführung auf dem Markt, und bis dahin hängen das Leben Ihrer Firma und Ihre Position an einem Seidenfaden.

Bei erfinderischen Produkten schießt wohl der Walkman von Sony den Vogel ab. Würden die Leute mit Kopfhörern herumgehen? Die Marketingleute von Sony meinten »nein« und führten nicht einmal eine Marktumfrage durch, überzeugt davon, daß sie ihre Antwort bestätigt bekommen würden. Der

Sony-Manager nahm es auf seine Kappe, es doch zu versuchen. Die Einführungskosten sollen sich auf US-$ 5.000,– belaufen haben, und das waren Gratis-Geräte, die an Schickimickis in Tokio verteilt wurden mit der Aufforderung, mit einem Walkman und auf Rollschuhen durch die Stadt zu kurven. Der Rest ist ja Geschichte.

In einigen Fällen sind Produkt- und Herstellungsrisiko miteinander verbunden. Eine Änderung in der Herstellung kann so radikal sein, daß sie auch das Produkt signifikant verändert. Man könnte sagen, das war bei Pilkington der Fall, wo die Qualität so gesteigert wurde, daß sie zu neuen Anwendungsgebieten von Spiegelglas führte. In diesem Zusammenhang denke ich auch an den Dienstleistungssektor; ein gutes Beispiel sind die Midland Bank und ihre »First Direct«, die branchenlose Bank. Ich denke an die Konkurrenz zwischen den Mineralölfirmen um besseres Service an ihren Tankstellen: ein typischer Fall von vielen Verbesserungen mit sinkendem Gewinn. Welche Firma ist mutig genug, sich ganz von ihrem alten System zu trennen und automatische Zapfsäulen zu entwerfen, wo der Fahrer (wie in guten alten Zeiten) nicht auszusteigen braucht?

Die Aufzählung von Risken bei neuen Produkten wäre nicht vollständig, würde man schmählich auf die pharmazeutische Industrie vergessen, die täglich damit leben muß. Millionen werden ausgegeben, jahrelange Mühen investiert, bevor ein neues Medikament auf den Markt gebracht werden kann. Hier liegt auch das große Risiko – vielleicht das Risiko im Handelsgeschäft schlechthin –, daß am Ende vielleicht gar kein Produkt steht. Das Marktpotential zur Heilung von Diabetes oder Migräne ist relativ hoch, und Medikamente wie Zantac oder Glaxo gegen Geschwüre sind ungeheuer erfolgreich. Auf der anderen Seite steht jedoch die schreckliche Möglichkeit, daß sich die Forschungsrichtung als Sackgasse herausstellt oder daß unvorhergesehene Nebenwirkungen den potentiellen Markteroberer in eine Katastrophe stürzen, wie im Falle Opren.

In keinem dieser Fälle sprechen wir jedoch von einem völligen Blindflug. Das Leben-oder-Tod-Spiel hat im Geschäftsleben keinen Platz. Es gibt immer Informationen – Prognosen, Marktforschung, Kalkulation, Expertenmeinungen –, die ein rationales Element in die Entscheidung einbringen. Pilotprojekte und Testmarketing können zur Risikominimierung beitragen, und wenn in Ihrem Unternehmen solche Entscheidungen regelmäßig anfallen, dann haben Sie wohl ein Portefeuille mit risikoreichen und risikoarmen Perspektiven bei der Hand.

Manchmal müssen jedoch Entscheidungen getroffen werden, von denen die Zukunft der Firma abhängt, und diese fallen Ihnen als CEO zu. Sie müssen sie letzten Endes vertreten, dafür werden Sie auch bezahlt. Versuchen Sie jedoch, möglichst risikoreiche Entscheidungen auf Gebieten zu treffen, von denen Sie etwas verstehen und wo Ihre Antennen funktionieren. Kleinbanken können z. B. Entscheidungen über Kleinbank-Geschäfte riskieren, aber nicht über irgendwelche obskuren Transatlantikmärkte.

Ein Quantensprung benötigt per definitionem einigen Mut. Er sollte zu keiner Zeit ein Schuß ins Leere sein.

7

Das umweltbewußte Unternehmen

Als der Supertanker *Exxon Valdez* vor Alaska auf Grund lief, konnte sich auch die weltgrößte Ölmineralfirma der Sorge um die Umwelt nicht entziehen. Unter dem Druck der öffentlichen Investoren bestellte Exxon einen Umweltexperten in den Vorstand, der bei der zukünftigen Unternehmenspolitik mitreden sollte.

Bis vor kurzem hatte die grüne Lobby noch wenig Durchschlagskraft gehabt – außer in der BRD und einigen wenigen Ländern Europas, wo Umwelt auch ein politisches Thema ist; jetzt wird es schon ernster. Bhopal, Tschernobyl, *Exxon Valdez*, der Treibhauseffekt, Giftmülldeponien, die Zerstörung der Regenwälder, der Walfang und eine Reihe anderer unerfreulicher Vorkommnisse haben Umweltthemen auf die Tagesordnung gebracht.

Erst neulich meinten CEOs bei einem von PA veranstalteten Abendessen, daß Umweltbewußtsein einen wichtigen Platz in ihrer Strategieplanung eingenommen habe. Sollte dies auf Ihre Firma noch nicht zutreffen, dann ziehen Sie es in Erwägung. Ihre persönliche Meinung ist hier nicht wichtig. Umweltbelastung ist eine Tatsache, und in Zukunft werden jene Unternehmen erfolgreich sein, die diesem Thema Beachtung schenken und dementsprechend reagieren.

Vergessen Sie nicht, daß in Umweltthemen auch echte Unternehmenschancen stecken. Anita Roddick hat ihre Schönheitsprodukte darauf abgestimmt: Sie produziert umweltverträgliche Kosmetika, die nicht bei Tieren getestet wurden, sie verkauft sie in Nachfüllfläschchen und verpackt sie in Säckchen aus Altpapier. Sie läßt alle Welt davon wissen und verteilt in jedem Geschäftslokal Informationen über Umweltthemen. Sie war auch klug genug, eine Spur vor dem Trend zu liegen, so daß ihre Marke schon gut eingeführt war, als die grüne Welle salonfähig wurde.

ICI mußte erkennen, daß die Kunden in Sorge um die Erdatmosphäre immer weniger bereit sind, Fluorchlorkohlenwasserstoff (FCKW) zu verwenden. Das Unternehmen hat jedoch auch erkannt, daß die Nachfrage nicht nachgelassen hat; sie hat sich lediglich verändert, und zwar in eine Richtung, wo ICIs Technologie einen wesentlichen Beitrag leisten kann. Anstatt weiterhin FCKW zu liefern, ist ICI jetzt eines der wenigen Unternehmen der Welt, das auch FCKW-Substitute anbietet.

Je größer die Zwänge, desto größer die Chance, sich von Ihren Konkurrenten abzuheben, und desto größer die Aussicht auf Belohnung.

Bei Umweltthemen ist zu bedenken, daß sie eine Marktveränderung mit sich bringen, eine Veränderung der Kundenprioritäten, die sich nicht nur darin äußert, was der Kunde kauft und was nicht, sondern die sich auch auf die Gesetzgebung auswirkt. Das Gesetz ist schließlich nur eine Spiegelung der Konsumentenwünsche. Mit anderen Worten – eine Veränderung in der Gesetzgebung spiegelt eine Veränderung der Konsumentenwünsche wider. So sollte es auch die Wirtschaft sehen.

Konsequenz hat wenig damit zu tun. Der Wille des Volkes

ist wie so oft heuchlerisch: In den USA gibt es ein Gesetz, das Katalysatoren für Autos vorschreibt, aber wie würde das Volk reagieren, würde die Regierung eine Umweltsteuer von US-$ 2,– pro Gallone (ca. 4,5 Liter) einheben?

Das grüne Thema beinhaltet – wie alle anderen Marktfaktoren – eine Reihe von sich gegenseitig ausschließenden Tauschgeschäften. Fragen Sie einmal die Leute, was ihnen bei Flugreisen am wichtigsten ist, und sie werden sagen, viel Platz, vier Sitze in einer Reihe, gutes Essen und niedrige Preise. Aber sie können nicht alles haben; ein oder zwei Dinge, mehr nicht. Genauso ist es mit der Umwelt. Das »grüne Geschäft« ist so wie jedes andere: es muß widersprüchliche Kundenwünsche auf einen Nenner bringen. Eine gute Beobachtung der Gewohnheiten und ein Produkt mit der richtigen Mischung versprechen Erfolg. Dies muß jedoch ernsthaft betrieben werden und nicht als eine kurzfristige »Masche«. Die Konsumenten merken sehr schnell, wenn eine Firma bestehende Produkte nur in ein grünes Mäntelchen hüllt. Umweltbewußtsein ist keine Eintagsfliege, und ein marktorientiertes Unternehmen sollte immer ein Auge auf die Zukunft haben: Was wird die nächste Gesetzesänderung beinhalten, wie das neue soziale Verhalten aussehen? Wie kann das Unternehmen diese neuen Verhalten für sich nutzen und Produkte entwickeln, die den Geschmack und Lebensstil des Kunden von morgen ansprechen?

Die Antworten sind nie einfach zur Hand, aber in jedem richtigen Geschäftsmann steckt auch eine Ader von Hellsehertum.

Technologie nutzen

8

Technologie: Auf das richtige Pferd setzen

Jahrzehntelang kamen die besten Uhren aus der Schweiz. Dann tauchte elektronische Technologie aus dem Fernen Osten auf und stürzte die Schweizer Uhrenindustrie in Probleme. Zahnrädchen und Schwungrädchen konnten noch so sorgfältig erzeugt werden, sie hatten keine Chance gegen billigeren und genauso präzisen Quarz. Die Schweizer konterten zwar gut mit Swatch, trotzdem waren sie gründlich ausgebootet worden.

Hier muß wohl jeder, dessen Produkt oder Herstellung eine technologische Komponente beinhaltet, eine Welle von Sympathie verspüren. Niemand ist vor einer genialen Innovation gefeit, die ein Unternehmen – manchmal auch eine ganze Industrie – über Nacht auslöschen kann. Heute ist diese Gefahr größer denn je.

Technologie verändert sich immer rascher. Schätzungen zufolge bringt Sony allein jährlich 3.000 neue Produkte auf den Markt, und jedes ist eine technologische Verbesserung des vorhergehenden.

Gleichzeitig bedeuten Produkte und Verfahren eine immer größere Bandbreite an Technologie. Ein Auto z. B. war lange ein Stück aus dem Maschinenbau; jetzt können auch Elektronik, Optik und Katalysatortechnik daran beteiligt sein. Kaum haben Sie sich damit angefreundet, kommen Vorrichtungen zur Aufpralldämpfung dazu, was wieder neue Technologien bedeutet, und so muß sich der Autohersteller plötzlich auch mit Sensoren, Treibstoffen und Zündsystemen auseinandersetzen.

Auch die Technologie wird internationaler. Großunternehmen von heute betrachten die ganze Welt als ihr Betätigungsfeld, holen sich Technologie, wo immer sie verfügbar ist, und nutzen sie, wo immer es einen Markt dafür gibt. Damit sind lokale Bedrohungen zu internationalen Gefahren geworden: Wie die Schweizer erkennen mußten, kann ein Firmenprodukt oder -verfahren von Entwicklungen überholt werden, die irgendwo in der Welt stattfinden.

Ob es Ihnen gefällt oder nicht, wir befinden uns in einer technologischen Spirale. Wenn Sie am Markt vorne dabei sein wollen, müssen Sie ihre Technologiebasis ausbauen oder verändern. Außerdem hat die Technologie eine eigene Dynamik entwickelt: Man kann niemanden von Erfindungen abhalten. Der Markt eilt davon, die Technologie drängt, und der Kreislauf der Veränderungen wird immer schneller.

Unsere Untersuchung hat ergeben, daß sich die meisten CEOs dieses Problems bewußt sind, ihm aber nichts entgegenzusetzen haben. Wie viele von ihnen verstehen etwas von monoklonen Antikörpern, Mikromechanik oder Nervenketten? Jedes von diesen Themen könnte den Durchbruch bedeuten, den Sie gerade brauchen, genauso könnte auch ein kostspieliger Flop daraus werden.

Wenn Sie nichts von Technologie verstehen, wie können Sie dann die Chancen oder Gefahren abschätzen? Wie wissen Sie, daß Ihre Entwicklung und Forschung in die richtige Richtung geht? Was tun, wenn Sie schon bis zum Gehtnichtmehr investiert haben und sich die Technologie plötzlich ändert? Lohnt es sich überhaupt, zu versuchen mitzuhalten? So lauteten die typischen Fragen aus unserer Untersuchung. Einige Interviewpartner fürchteten sich schon davor, von neuen Entwicklungen auch nur zu hören, weil sie zusätzliche Probleme bedeuteten.

Diese Unsicherheit angesichts der schnellen technologischen Veränderungen erklärt den häufigen Ad-hoc-Ansatz vieler Unternehmen auf dem Gebiet der Forschung. Das Forschungsbudget wird nicht nach wirtschaftlichen Kriterien erstellt, sondern vielmehr danach, wieviel sich das Unternehmen leisten kann oder sich im Jahr davor geleistet hat. Wir beobachten oft eine Mischung aus gutem Glauben und wissenschaftlicher Methode: »Wenn wir diesen Forscherfritzen eine Million geben, finden sie vielleicht etwas Nützliches. Oder auch nicht.«

Viele Unternehmen schwanken zwischen Extremen hin und her: einerseits Geld in die Forschung und Entwicklung zu stecken, in der Hoffnung, das Ei des Kolumbus zu finden, andererseits die Mittel so zu kürzen, daß sie auch potentiell brauchbare Projekte zu Fall bringen.

Kurzum, dieser Vorwärts-rückwärts-Ansatz wird nur zu oft bei der Finanzierung und Implementierung von Forschung und Entwicklung angewendet. Ein derartiger Ansatz genügt jedoch nicht. Damit kann ein Marktverlust riskiert oder auch eine Marktchance vergeben werden. Sie müssen die Technologie, in die Sie investieren wollen, gezielt auswählen und sie so einsetzen, daß Sie damit ihren Konkurrenten voraus sind. Sie haben keine andere Wahl.

Es mag kompliziert klingen, ist aber nicht so kompliziert. Wenn Sie sich für den Wettbewerb entschieden haben, liegt die Geschicklichkeit darin, Ihre Technologie mit dem Marktziel in Einklang zu bringen.

Manchmal kann ein Technologieschub eine ganze Forschungsreihe über den Haufen werfen und eine andere einführen. Der Impetus kann aber auch vom Markt kommen, und das passiert sogar öfter. Johnson & Johnson hätten sich z. B. nie eine »manipuliersichere« Verpackung überlegt, wenn nicht jemand Gift in ihr Tylenol gemischt hätte. Plötzlich herrschte rege Nachfrage nach manipuliersicherem Verpackungsmaterial, und Johnson & Johnson – das soll zu ihrer Ehre gesagt werden – waren die ersten, die diese Technologie verbesserten und dadurch den Umsätzen von Tylenol zu neuen Höhenflügen verhalfen.

Bei der Ausarbeitung Ihres Technologieprogramms ist es wichtig, auf das Schub- und Zugprinzip zu achten. Es hat keinen Sinn, eine Technologie zu entwickeln, die am Markt keine Anwendung findet; umgekehrt ist es nicht klug, sich vom Markt fernzuhalten, wenn Sie zwar eine Chance sehen, jedoch nicht über die technologischen Ressourcen verfügen.

Forschung und Marketing können nicht mehr in luftdichten Räumen gehalten werden. Sie müssen als Anfang und Ende jeder Aktivität gesehen werden.

Diese Themen betreffen keineswegs nur große Konzerne. Vor ein oder zwei Jahren entdeckte Keeler – ein kleiner britischer Hersteller von medizinischen Geräten – die Nachfrage nach einem neuen Tonometertyp zur Messung des Augapfeldrucks und damit zur leichteren Diagnose einer Starerkrankung. Die bis dato verwendeten Maschinen waren schwere Modelle, die auf einer Bank fixiert werden mußten; auch der Kopf des Patienten mußte praktisch eingeklemmt werden. Mit PAs Hilfe entwickelte Keeler ein handliches Tonometer, das man nur an das Auge des Patienten zu halten braucht. Die Maschine findet die optimale Einstellung selbst, mißt automatisch, und die Diagnose ist digital ablesbar. Damit wurde die Konkurrenz weit abgeschlagen.

Das heißt, für eine neue Technologie sind nicht unbedingt enorme Ressourcen zur Forschung und Entwicklung erforderlich. Technologie ist verfügbar, und wenn Sie selbst keine entwickeln können, kaufen Sie eine zu.

Aber in welche Technologie investieren? Wie können Sie sicher sein, daß das Pferd, auf das Sie setzen, nicht überholt wird oder vor der letzten Hürde stürzt?

Das ist schwierig. Es gibt genug Beispiele für teure Forschungsprogramme, die in der Schublade verschwanden, weil jemand anderer zuerst oder mit einer besseren Idee auf den Markt kam. Ich würde aber trotzdem sagen, daß sich unter der Voraussetzung, daß Sie Ihren Markt gut kennen, die Wahl der Technologie von selbst ergibt.

Ein Bekannter von mir erzeugt Plastikflaschen – für Frostschutzmittel, Pflanzenschutzmittel, aber bislang nicht für Bier. Das Kohlendioxyd im Bier tritt nämlich durch das Plastik aus und verringert dadurch die Lagerfähigkeit. Er löste das Problem, indem er an der Innenseite der Flasche eine Schutzschicht anbrachte, die das Austreten von Kohlensäure verhindert. Jetzt hat sich ein enormer Markt für ihn eröffnet, und wenn ich ein Glasflaschenhersteller wäre, würde ich genau schauen, was diese Plastikleute vorhaben, und meinen Markt schnell schützen.

Sie tappen also nicht im dunkeln. Wenn Sie wissen, wo Sie auf der Wirtschaftslandkarte stehen, und wenn Sie wissen, wo Sie hinmöchten, dann ist es nicht so schwer, auf die richtige Technologie zu setzen. Probleme und Verwirrung stellen sich erst ein, wenn Sie nicht wissen, wohin Sie gehen.

Alles, was ich bis jetzt gesagt habe, setzt voraus, daß Sie als CEO darüber Bescheid wissen, welche Technologien es gibt und ob sie für Sie von Nutzen sind oder nicht. In England wird der CEO laut Statistik kein Technologe sein und wahrscheinlich auch keinen Bezug zu einem Mikrochip haben. Warum sollte er auch?

Wenn Sie keine Ahnung von Technologie haben, dann suchen Sie sich jemanden dafür. Geben Sie dieser neuen Person die Verantwortung, relevante Technologien zu erheben und den Vorstand darüber zu informieren, wenn er eine Gefahr oder Chance wittert.

Das mag vielleicht banal klingen, trotzdem gibt es erstaunlich viele Unternehmensvorstände – jedenfalls in England –, die Technologiefragen durch eine Art von Osmose oder Fernsehsendungen absorbieren wollen. Die Japaner hingegen haben ganz klare Vorstellungen darüber, wer technologische Inputs liefert: »Er«, sagen sie und nennen einen Namen. »Diese Person hält uns über Neues aus der Technologiewelt am laufenden.« Die PA-Untersuchung zeigt, daß 80% der japanischen Firmen eine für Technologie verantwortliche Person im Vorstand haben, in England sind es hingegen nur 20%.

Ihre Aufgabe als CEO besteht nun darin, dieser Person die richtigen Fragen zu stellen. »Muß ich mir über Biotechnologie den Kopf zerbrechen? Kann sie zur Verbesserung unseres Produktes beitragen? Ist der Markt daran interessiert? Haben unsere Konkurrenten schon damit begonnen?« usw. Diese Fragen gehören zum täglichen Geschäft und können sehr wohl von jemandem gestellt werden, der nichts von Technologie versteht.

Natürlich sollte Ihr technischer Direktor auch etwas vom Markt verstehen. Ich war immer von Beecham beeindruckt, die nie jemanden zum Leiter der Forschungsabteilung bestellten, bevor er nicht drei Jahre auf einem marktorientierten Gebiet gearbeitet hatte. Ihr technischer Fachmann mag alles über Genteilung wissen, wenn er jedoch nichts von Ihrem Markt versteht, kann er Ihnen auch nicht die Antworten geben, die Sie brauchen.

Weiters ist wichtig, daß die neue Person nicht unter dem Druck steht, das Forschungs- und Entwicklungsbudget auskämpfen oder sich für eine bestimmte Technologie einsetzen zu müssen. Wenn der Firmenerfolg vom Wechsel von Klebstoffen zu Hautpflegeprodukten abhängt, wird er kaum gelingen, wenn Ihre Wissenschafter eifrige Klebstoffvertreter sind.

Dann müssen sie – aus wirtschaftlichen Imperativen heraus – der Technologie neutral gegenüberstehen.

Technologie ist um nichts komplizierter als Marketing und sollte auch so behandelt werden, d. h., jemand sollte im Vorstand sitzen, der darüber Bescheid weiß. Für den CEO liegt das Problem nicht in der Technologie, sondern in der Stellenbesetzung. Wählen Sie die Person, die in der technologischen Welt Auge und Ohr für Sie sein wird, mit äußerster Sorgfalt, und stellen Sie ihr die richtigen Fragen.

Dazu noch ein kleiner, aber wichtiger Hinweis: In einem kostenintensiven Gebiet wie diesem liegt ein offensichtliches Risiko darin, eine Person in den Vorstand zu holen, deren Wissen so groß und umfassend ist, daß es von niemandem hinterfragt werden kann. Wenn Sie dies vermeiden wollen, stellen Sie eine Person an, die noch nicht in leitender Funktion tätig war, jedoch sehr wohl über das Fachwissen verfügt und auf die Sie sich für eine unparteiische und objektive Meinung verlassen können. Dann ist auch die Diskussionsrunde wieder ausgewogen.

9

Forschung: Aufgabe des CEO?

Ist einmal entschieden, in welche Technologie Sie investieren, muß entschieden werden, wie Sie dazu kommen. Entwickeln Sie sie selbst, wird sie en gros eingekauft, oder gehen Sie eine Kompromißlösung in Form einer Kooperation ein?

Es gibt keine Standardantworten, jedoch einige Dinge zu beachten, bevor die Entscheidung getroffen wird.

Zuerst muß klar sein, was angestrebt wird. Ist Ihr Unternehmen ein Produktionsbetrieb, kann es von großem Vorteil sein, eine Art von Eigentümertechnologie anzupeilen – eine Technik, ein Material, eine Fähigkeit –, die einzigartig für Sie ist und Ihr Produkt oder Verfahren vom Konkurrenten abhebt.

Sie müssen jedoch entscheiden, welchen Preis Sie dafür zahlen wollen. Entwickeln Sie die Technologie selbst, ernten Sie auch Ruhm und Geld, bevor Ihre Konkurrenten Sie eingeholt haben; dafür tragen Sie auch sämtliche Kosten und Risken allein. Kooperieren Sie mit anderen Leuten, können Sie zwar Kosten und Risiko teilen, müssen aber auch den Ruhm teilen. Kaufen Sie Technologie zu, haben Sie zwar kein Risiko, laufen jedoch Gefahr, ein Allerweltsprodukt in einem Allerweltsverfahren herzustellen.

Bevor Sie Ihren Weg wählen, ist es wichtig zu wissen, welche Art von Unternehmen Sie sind und wieviel Eigentümertechnologie angebracht ist. Zur Entscheidungsfindung (sollten Sie noch nicht entschieden haben) möchte ich drei Ebenen technologischer Beteiligung vorschlagen, die jeweils eine bestimmte Einstellung zur Forschung erfordern.

Die erste und unterste Ebene wird von einem Sinclair oder Amstrad definiert. Unternehmen dieser Ebene kaufen Komponenten und Teile von anderen Firmen zu, setzen sie zusammen, benennen und verkaufen sie. Einige, wie z. B. Sinclair, sind damit den anderen voraus; andere, wie Amstrad, warten lieber, bis das Produkt ausgereifter hergestellt werden kann. Beides ist legitim. Was immer Sie entscheiden, eine neue Entwicklung im Alleingang wird hier ausgeschlossen. Ihr Ziel ist Kostenersparnis, und das bedeutet, anderen Leute die schwierigen technischen Teile zu überlassen.

Das heißt nicht, daß Sie auch in anderen Betriebsbereichen Eigentumsansprüche aufgeben müssen. Schließlich ist kein Geld zu verdienen, wenn man nicht etwas macht, was andere noch nicht entdeckt haben. Ihre spezielle Fähigkeit kann darin liegen, die richtigen Lieferanten zu kennen, eine besonders schnelle Verteilerkette zu haben oder eine lebenslange Garantie für Ihr Produkt anbieten zu können. Sie kann in irgendeiner Ihrer Aktivitäten liegen. Auf der ersten Ebene wird dies wahrscheinlich eine Dienstleistung oder Logistik sein, nicht so sehr das Produkt selbst.

Hauptsache, Sie wissen um Ihre spezielle Fähigkeit. Liegt sie in der Produktion von Fernsehgeräten mit einem bestimmten Blauton, den sonst niemand anbieten kann, dann lohnt es sich, hier zu investieren. Geben Sie Ihr Bestes, und behalten Sie Ihr Wissen für sich. Den Rest können Sie zukaufen oder im Haus erledigen, das ist nicht von Belang.

Ich erzähle hier nichts Neues. Eine besondere Fähigkeit zu entwickeln und zu fördern – das hat jeder Handwerker jahrhundertelang gemacht. Der Unterschied liegt im schnellen internationalen Markt, der es erschwert, diese Schlüsselfähigkeit zu definieren. Die Antwort ist nicht einfach, um so weniger dann, wenn Sie in Ihrem Unternehmen sehr engagiert sind und Marktentwicklungen nicht so gut einschätzen können.

Eigentümertechnologie ist also für Unternehmen der ersten Ebene wahrscheinlich kein Thema. Trotzdem brauchen Sie etwas Einzigartiges, da Sie sonst weg vom Fenster sind.

Unternehmen auf der zweiten Ebene sind solche, die Forschung schnell und effizient in absetzbare Produkte umwandeln können. Dabei ist es nicht von Bedeutung, ob die Forschung im Alleingang oder in Zusammenarbeit mit anderen gemacht wurde. Das Unternehmen muß nur wissen, wie es zu der Technologie kommt, die ihm am meisten nützt. Das Interesse liegt nicht in der Grundlagenforschung, sondern in bereits existierenden Ergebnissen, die innovativ kombiniert werden und so eine Nachfrage befriedigen.

Nimmt man den CD-Plattenspieler her, hat kein richtiger Durchbruch stattgefunden (am ehesten noch bei der Technologie zur CD-Herstellung, aber das ist eine andere Geschichte). Für den Plattenspieler selbst gab es bereits alle technologischen Teile, und die Geschicklichkeit lag darin, sie zu einem funktionierenden System zusammenzusetzen. Das hieß unter anderem, die Drehgeschwindigkeit der Platte dem Plattenarm so anzupassen, daß die Signale zum Tonkopf auch bei Annäherung zur Plattenmitte gleichblieben. Bei Grammophonplatten war dies nicht notwendig gewesen. Die Antwort lag daher nicht in neuer Technologie, sondern in der klugen Anwendung einer ausgefeilten Kontrolltechnik zum Lesen der Drehgeschwindigkeit und einer entsprechenden Verlangsamung.

Auf der dritten Ebene finden wir Unternehmen, die für ihr Überleben sehr wohl auf Grundlagenforschung angewiesen sind. Pharmazeutische Betriebe sind ein gutes Beispiel dafür, denn sie verkaufen lediglich ein Präparat; alles steht und fällt mit der Qualität dieses Präparates. Auf dieser Ebene befinden sich auch alle Unternehmen, die neue Materialien, elektrooptische Geräte oder bestimmte Aspekte der Biotechnologie erforschen.

Ich bezweifle, daß diese Unternehmen bei der Grundlagenforschung gerne zusammenarbeiten. Vielleicht in einer späteren Phase (viele Pharmafirmen lassen ihre Produkte durch Konkurrenten vertreiben), und sie werden es wohl tun müssen, wenn ein Partner Autos herstellt, der andere Flugzeuge und beide an einer bestimmten Technologie interessiert sind. Ist die Grundlagenforschung jedoch der Schlüssel zum Unternehmenserfolg, wird man sich vor jeder Öffnung nach außen hüten.

In der Realität können sich jedoch nur die großen Fische eine gediegene Grundlagenforschung leisten. Sie ist ein so kostenintensives, risikoreiches Unterfangen, daß nicht zuletzt Kostengründe immer mehr Unternehmen zu einer Zusammenarbeit zwingen. Wenn Regierungen sich von der Unterstützung der Grundlagenforschung an Universitäten und akademischen Einrichtungen zurückziehen, muß die Industrie diesen Teil übernehmen – also höhere Kosten und mehr Zusammenarbeit.

Unsere eigene Untersuchung in Europa und Japan zeigt, daß ca. 40% der großen Herstellerfirmen gemeinsame Forschung und Entwicklung betreiben. Die meisten meinen auch, Nutzen daraus gezogen zu haben.

Die Entscheidung liegt bei Ihnen. Wo liegt Ihre Schlüsselkompetenz? Liegt sie auf dem technologischen Gebiet, dann entscheiden Sie, bis zu welchem Grad sie bei Ihrem Unternehmen verbleiben soll. Diese Entscheidung wird auch darauf Einfluß haben, wie Sie zu Ihrer Technologie kommen – ob allein oder in Zusammenarbeit mit anderen.

Abschließend noch eine Bemerkung: Ich habe mich hier auf

Forschung konzentriert – allein oder in Kooperation – als einem Weg, zu neuer Technologie zu kommen. Es ist aber bei weitem nicht der einzige Weg. Wenn Sie eine Technologie entdeckt haben, die Sie brauchen und jemand anderer anbietet, ist es oft günstiger, das ganze Unternehmen zu kaufen.

10

Wie geht man mit Forschung und Entwicklung um?

In den letzten beiden Kapiteln haben wir uns angesehen, wie Sie die richtige Technologie wählen und ob diese Ihre ureigene sein soll. Manchmal ja, manchmal nein.

Nehmen wir an, Sie hätten nun ein Gebiet definiert, auf dem Ihre Firma forschen soll. Wie stellen Sie es an, damit Sie den größtmöglichen Nutzen daraus ziehen?

Geld spielt natürlich eine wichtige Rolle. Je mehr Sie hineinstecken, desto mehr Nutzen ziehen Sie daraus – sollte man meinen. Dem ist aber nicht ganz so. PA hat kürzlich 400 CEOs in Japan und vier europäischen Ländern gefragt, wie zufrieden sie mit den Ergebnissen von Forschung und Entwicklung seien. Die Ergebnisse zeigten eine interessante Disparität zwischen dem finanziellen Aufwand und der erhaltenen Leistung. Die großen Investoren waren nicht immer die Zufriedensten.

Wichtiger als die Geldfrage ist nämlich, wie Ihre Forschung und Entwicklung gemanagt wird. Das heißt, wie wird Forschung und Entwicklung in die übergeordnete Firmenstruktur integriert; hier sind die Japaner den westlichen Unternehmen wieder weit voraus. Der Prozeß ist gegenseitig: die Unternehmensstrategie muß die Möglichkeiten der heutigen Technologie in Betracht ziehen. Andererseits müssen alle Aktivitäten auf technologischem Gebiet von strategischen Überlegungen ausgehen. Kurzum, Strategen und Technologen können nicht mehr ihr eigenes Süppchen kochen. Ihre Fähigkeiten müssen aufeinander abgestimmt werden.

Was heißt das in der Praxis?

Als erstes muß die Entwicklung von der Forschung getrennt werden. Das klingt einfach, aber erstaunlich viele Unternehmen spannen diese beiden Gebiete nach wie vor zusammen und sehen Forschung und Entwicklung als ein Gebiet. Sie müssen jedoch getrennt gesehen werden.

Ich würde vorschlagen, jedes Gebiet in zwei Phasen zu unterteilen und so eine Vier-Punkte-Skala zu schaffen, die dann – vereinfacht – folgendermaßen aussehen kann:

- *Reine Forschung*, meist an Universitäten betrieben, untersucht die Beschaffenheit von Dingen und wie sie funktionieren.
- *Angewandte Forschung*, meist in der Industrie, geht von vorhandenen Fakten aus und versucht, sie in neuen Kombinationen zusammenzusetzen, um neue Wirkungen zu erzielen, die dann in einem Prototyp vorgestellt werden.
- *Entwicklung* verbessert den Prototyp zu einem verkaufbaren Produkt.
- *Produktpflege* findet Wege, ein bestehendes Produkt weiterzuentwickeln.

Es ist eine gute Übung, Ihre eigene Forschungs- und Entwicklungsabteilung herzunehmen und sie in diese vier Kategorien zu unterteilen. Dann stellen Sie die Frage: Wieviel geben Sie für jeden Punkt aus, können Sie von Gleichgewicht sprechen?

Wenige Unternehmen werden reine Forschung betreiben, außer sie ist für den Erfolg absolut notwendig, wie z. B. in der Pharmaindustrie. Die meisten Firmen werden in die angewandte Forschung investieren und in irgendeine Art von Entwicklung. Produktpflege muß jeder betreiben, sonst meint man es nicht ernst. Die Gefahr dabei ist nur, daß man zuviel in diese vierte Kategorie steckt. Wenn die Produktpflege den Großteil des Entwicklungs- und Forschungsbudgets schluckt, kommen Sie nicht richtig voran und müssen eines Tages feststellen, daß Sie schon überholt worden sind. Wie der Autohersteller, der all seine Bemühungen in bessere Magnetzünder und Bremssysteme steckte, ohne je ein neues Modell zu entwickeln.

Eine Position in diesem Vier-Punkte-System zu wählen, kann für ein Unternehmen heutzutage entscheidend sein. Von Zeit zu Zeit sollten Sie sich Ihre Produktpalette genau ansehen und beurteilen, welche Art von Forschung und Entwicklung benötigt wird. Sind Sie hintennach, oder stürmen Sie davon? Beide Fehler können teuer zu stehen kommen. Die Kunst liegt darin, eine Linie zu definieren und den besten Punkt darauf zu wählen.

Wenn es also einen Unterschied zwischen Forschung und Entwicklung gibt, wie sollte jeder Bereich behandelt werden?

Forschung ist zeitintensiver und braucht eine Art von Management, wo zwar die strategische Richtung festgelegt wird, nicht aber die eigentliche Entdeckung oder das Abweichen auf erfolgversprechende Nebenstraßen. Entwicklung kann enger eingegrenzt werden, sie muß spezifische Marktbedürfnisse zu einer bestimmten Zeit decken. Dafür ist eine ganz andere Art von Management erforderlich.

Forschung

Ist der Fokus einmal gewählt und die Richtung für die Forschung festgelegt, muß der Vorstand die dafür notwendigen Bedingungen schaffen. Er muß eine Balance finden zwischen zentraler Kontrolle, die Ineffizienz und Duplikation vermeidet, und Autonomie, in der die Forscher Eigeninitiative entwickeln können.

Angesichts der Erträge bei Qualitätsforschung muß ein technologieabhängiges Unternehmen Bedingungen anbieten, die die besten Fachleute anziehen. Erstaunlich, daß ein hohes Gehalt dabei nicht ausschlaggebend ist. Neueste PA-Untersuchungen zeigen, daß ganz andere Werte wichtig sind, wie z. B. Freiheit der Forscher, ihr eigenes Urteil bilden zu können; offene Diskussion; gute Kontakte mit externen Institutionen; ein Minimum an Einmischung von nichttechnischen Managern.

Stellen diese Werte eine unzumutbare Belastung für Ihr Unternehmen dar, wird es Zeit, darüber nachzudenken. Vielleicht ist es dann besser, gar keine Forschung zu betreiben, als demotivierte Leute in der Forschungsabteilung zu haben.

Entwicklung

Hat eine Firma ihren technologischen Geschäftsbereich, der auch den Bedürfnissen des Marktes entspricht, einmal aufgebaut, muß sie auf die Führung des Entwicklungsbereiches achtgeben. Der Übergang von einer Technologie zu einem erfolgreichen Produkt kann gut oder schlecht gemacht werden, der Firmenerfolg hängt immer mehr von einem guten Übergang ab.

Das Schlüsselwort ist wieder Integration. Erfolgreiche Betriebe sind meist jene, die interfunktionale Trennungen aufgelöst haben. Ein freier Informationsfluß zwischen Forschung, Entwicklung, Design, Herstellung, Marketing und allen anderen Funktionen vom Konzept bis zum Produkt muß gewährleistet sein. Die Verkaufsleute geben Marktbedürfnisse an die Forschung und Entwicklung weiter. Die Forscher wiederum sollten marktorientiert denken und ihre Bemühungen auf quantifizierte und begründete Marktbedürfnisse abstimmen.

All dies braucht einen Leiter und ein Projektteam, das die dafür notwendigen Ressourcen aufbringen kann. Ein gut geführter Entwicklungsprozeß wird eine Reihe von Dingen erreichen: Er wird die Entwicklung und Einführungszeit für neue Produkte und Geschäfte verkürzen, und so schneller auf drohende Konkurrenz oder Marktchancen reagieren; er wird die Integration neuer Technologien beschleunigen und sicherstellen, daß das Produkt für das Geschäft wichtig und für den Betrieb richtig ist.

Zusammenfassend wäre also festzuhalten, daß die Internationalisierung der Technologie und die Geschwindigkeit ihrer Veränderung den Lebenszyklus eines Produktes noch verkürzen werden. Die Unternehmen, die hier überleben, werden jene sein, die sich Zugang zu Technologie rund um den Globus verschaffen und sie rasch zu Produkten für ihren Markt umsetzen können.

Wie wir im vorigen Kapitel gesehen haben, ist Kooperation eine Möglichkeit dazu. Meiner Meinung nach hängt sehr viel vom Umgang mit Forschung und Entwicklung ab, der Unterscheidung der beiden Bereiche und einem Management, das den maximalen wirtschaftlichen Nutzen für das Unternehmen bringt. Je besser Unternehmen in diesem Bereich arbeiten, desto mehr Erfolg ist ihnen beschieden.

11

Informationstechnologie: ein Thema für den CEO?

Es gibt wenig Themen, wo die Meinungen der CEOs so weit auseinandergehen wie bei der Frage, wie weit sie sich persönlich mit Informationstechnologie (IT) befassen sollten. Einige sehen IT als Problemlöser für technische Probleme, die man getrost dem IT-Fachmann überlassen kann. Andere sehen IT als zentralen Punkt ihrer Unternehmensstrategie, als Mittel zur Differenzierung ihrer Produkte und Dienstleistungen von der Konkurrenz, und sie engagieren sich dafür gerne persönlich. Das allgemein geteilte Gefühl ist ein vorsichtiges, aber notwendiges Engagement. Allein die Höhe der Beträge, über die entschieden wird – viele hundert Millionen Pfund, z. B. bei Banken mit einem Branchennetzwerk –, verlangt die Aufmerksamkeit des CEO, auch wenn er sich auf diesem Gebiet inkompetent fühlen mag.

Das Problem wird noch komplexer durch die erstaunliche Geschwindigkeit der Veränderungen. Noch vor 20 Jahren hatte man die Abwicklung von Aufträgen für einen komplizierten Computervorgang gehalten; wer würde dies heute noch händisch tun? Vor 10 Jahren wäre die Vorstellung, daß ein guter Mittelklassewagen bis zu 12 Mikroprozessoren haben würde, noch irreal erschienen.

Dazu kommt noch, daß der CEO von allen denkbaren Seiten mit Ratschlägen bedacht wird. Computerhersteller haben die besten Marketing- und Verkaufsleute der Welt für sich gewonnen, die Presse ist voll davon, und IT-Beratung ist mittlerweile eine eigene Branche.

Wieviel müssen Sie also wirklich wissen?

Vor allem sollten Sie diesem Thema Gelassenheit entgegenbringen. Eine Abwehrhaltung gegen IT hat im Vorstandszimmer keinen Platz, genausowenig ist überbordender Enthusiasmus gefragt. Es haben auch Unternehmen bankrott gemacht, nachdem man ihnen eine allumfassende integrierte Lösung ihrer Probleme angeboten hatte. Solche Projekte verschlingen Unsummen und führen mitunter nicht zum gewünschten Ziel.

Informationstechnologie hat den meisten Unternehmen etwas zu bieten und wird bald zu noch mehr in der Lage sein, sie muß jedoch in die richtigen Bahnen gelenkt werden. Meiner Meinung nach gibt es fünf Schlüsselbereiche, die die Intervention des CEO erfordern.

Erstens müssen Sie die Anwenderfreundlichkeit feststellen. IT-Experten sind notwendig, um Ihnen die vorhandenen Möglichkeiten aufzuzeigen, die letztendliche Entscheidung liegt jedoch bei den Linienmanagern. Viele Unternehmen wie ICI lösen es so, daß sie einen IT-Direktor mit Marketing-, Produktions- oder allgemeiner Managementerfahrung anstellen. Die Tendenz geht dahin, daß Anwender oder ehemalige Anwender zu Managern größerer IT-Projekte ernannt werden, und das ist ja nichts Schlechtes.

Zweitens sollten Sie sicherstellen, daß Ihr Unternehmen über die richtige IT-Ausstattung verfügt. Ihr Hauptsystem muß Ihre grundlegenden Computer- und Kommunikationsbedürfnisse decken. Hier können sich unüberlegte Entscheidungen bitter rächen und Sie später eine Menge Geld und Nerven kosten. Die Entscheidung, ein lokales Netzwerk von einem einzigen Lieferanten zu kaufen, mag die Auswahl der PCs und der Software einschränken, was Sie vorher nicht bedacht haben. Deswegen sollte hier immer eine zweite Meinung eingeholt werden.

Drittens spielt der Zeitfaktor eine wichtige Rolle: Achtung vor überkompletten Lösungen, die um Jahre voraus sein können. Bestehen Sie lieber darauf, daß neue Teile rasch geliefert werden, wenn dies auch im Moment einen niedrigeren technischen Standard bedeutet; Voraussetzung ist eine gute Grundausrüstung. Es ist vielleicht besser, wenn 50% Ihrer Anwender in den nächsten drei Monaten in das System einsteigen können, als alle zugleich in zwei Jahren – hier können Anwenderpakete hilfreich sein. Ihre IT-Fachleute werden sagen, daß Sie dadurch nichts einsparen würden, und sie haben recht; aber solche Paketlösungen sparen Ihnen Zeit, und das ist vielleicht das wertvollste Gut.

Viertens, vergewissern Sie sich, daß Sie die Software optimal nutzen. Sehr oft kann das ursprüngliche Programm erweitert werden und so zusätzliche Bedingungen erfüllen – vielleicht nicht perfekt, aber angemessen. Lassen Sie sich nicht vom Besten blenden. Clarks' Schuhe sind ein gutes Beispiel dafür. Die Firma ist in einer Branche, wo schnell reagiert werden muß. Die Mode des Jahres wird auf einer der größeren Messen vorgestellt, und dann beginnt das Wettrennen. Die Schuhhersteller, die als erste die neuen Modelle liefern können, sind den Konkurrenten eine ganze Nasenlänge voraus. Clarks hat ziemlich bald erkannt, daß Computer-Aided-Design nicht nur den Zeichenvorgang selbst beschleunigen würde, sondern auch die Übertragung des Designs auf eine ganze Reihe von Modellen. Der nächste Schritt war, die Schnittwerkzeuge für jedes Schuhmodell zu beschaffen. Clarks meinte, daß die gleiche Information, die zum Design der Schuhe nötig war, auch die Werkzeuge machen könnte usw. Heute geht der gesamte Prozeß von einem einzigen Datenpaket aus, und Clarks' Schuhe sind erstaunlich schnell in den Geschäften erhältlich.

Fünftens, wenn Sie vor einer größeren Systementwicklung stehen, achten Sie darauf, daß Sie sich nicht nur um die Einrichtung des Systems, sondern auch um dessen Erträge kümmern. Denken Sie an die Girobanken mit ihren IT-Investitionen in Millionenhöhe. Viele von ihnen haben mit großem finanziellen Aufwand Datenbankensysteme entwickelt, um mit bestimmten Produkten ein bestimmtes Publikum ansprechen zu können. Dadurch wollen sie natürlich auch andere Bankprodukte verkaufen, aber wie gehen sie damit um? Haben sie recherchiert, ob die Kunden überhaupt daran interessiert sind, andere Produkte zu kaufen? Haben sie ihr Personal in die Verkäuferrolle eingeschult? Haben sie in ihre Produkte investiert, um sie leichter zusätzlich zum Standardangebot verkaufen zu können?

Dies sind die fünf Prioritäten der Informationstechnologie. Fachleute erstellen immer bessere Systeme, die Ihre Aufträge zeitgerecht und innerhalb des Budgetrahmens erfüllen, aber als CEO müssen Sie dafür sorgen, daß sämtliche Ausgaben unternehmensorientiert getätigt werden und keine Eigendynamik entwickeln.

Verbesserungen vornehmen

12

Leistung: Der lebenswichtige Test

Leistung ist heute – im Gegensatz zu Produktivität früher – der Maßstab für Unternehmenserfolg, was eine durchaus positive Veränderung darstellt. Der Begriff Produktivität ist viel enger und mit einem Hauch von Ausbeutung verbunden: Gieriges Kapital quetscht arme Arbeitskraft – gegen den Widerstand der Gewerkschaft – bis zum Umfallen aus.

In einer modernen Wirtschaft ist dieses Bild vom Fabriksleben überholt. Produktivitätssteigerungen kommen oft von den Arbeitnehmern selbst, die in kleinen Einheiten arbeiten und jederzeit Veränderungsvorschläge einbringen können.

Bei Fuji Xerox z. B. erkannte das Management, daß die Produktivität innerhalb von zwei bis drei Jahren verdoppelt werden müsse. Das gelang auch – nachdem die Belegschaft Hunderttausende Vorschläge eingebracht hatte. Der Wunsch, dabei zu sein, war so groß, daß jeder Angestellte mit mindestens einer Idee pro Tag kam.

Diese Geschichte ist – trotz untrüglichem japanischem Stempel – doch typisch für moderne Produktivitätssteigerungen. Sie zeigt deutlich, was erreicht werden kann, wenn die Menschen eine positive Einstellung zu ihrer Arbeit haben. Es gäbe noch viele andere Beispiele; trotzdem wäre es übertrieben, diese Methode als Universallösung anzubieten. Sie kann nur dann erfolgreich sein, wenn sowohl die Verantwortung für die Produktivität als auch die Befugnis für Veränderungen an diejenigen Leute nach unten weitergegeben wird, die tatsächlich mit der jeweiligen Arbeit befaßt sind – dazu ist nicht jedes Unternehmen bereit. Es ist jedoch nur eine Frage der Zeit, bis solche Vorgangsweisen allgemein üblich werden.

Eine kürzlich von PA und CBI durchgeführte Umfrage ergab, daß die meisten Unternehmen zwar Produktivitätsmessungen vornehmen, jedoch nur in der »Fabrikshalle«. Produktivität kann aber auch am Energieverbrauch, am Material, an den Vermögenswerten, an Informationstechnologie und sämtlichen Verkaufs- und Bürotätigkeiten gemessen werden. Im Grunde kein schwieriges Unterfangen; unsere Umfrage zeigte jedoch, daß 50% der Beschäftigten in englischen Betrieben keine regelmäßige Information über Ergebnisse ihrer eigenen Abteilung erhielten. Daraus kann man nur schließen, daß es entweder keine Messung gibt oder daß die Belegschaft nichts davon erfährt. Beides ist nicht von Vorteil und bedarf einer Änderung.

Besonders die enge Definition von Produktivität läßt diesen Begriff unzeitgemäß erscheinen. Leistung ist ein besseres Wort, weil es die gängige Auffassung widerspiegelt, daß jede Firmenaktivität auf Resultate hin überprüft werden kann und soll.

Die Technologie hat wesentlich zu dieser Veränderung beigetragen. Produktivität im alten Sinn von Leistung pro Mann hat jetzt im Zeitalter der Automation, wo direkte manuelle Arbeit auf 15% der Herstellungskosten reduziert worden ist, an Bedeutung verloren. Dieses Thema betrifft Sie als CEO heute wahrscheinlich weniger, als es noch in den 70er Jahren der Fall gewesen wäre, außer Sie sind am Dienstleistungssektor – speziell im Finanzbereich – tätig. Arbeitsproduktivität in der Börsenhalle voll teurer junger Talente könnte für den CEO einer Investmentbank oder Wertpapierfirma von Bedeutung sein.

Mit Leistung müssen Sie sich jedoch immer auseinandersetzen, egal, in welcher Art von Unternehmen Sie tätig sind. Betriebsleistung ist der Unterschied zwischen Erfolg und Mißerfolg. Dies zu ignorieren würde einem Desinteresse an Ihren Firmenresultaten gleichkommen.

Hier ist also ein weiterer Punkt für den Aufgabenzettel eines CEO. Dazu gibt es vier Fragen, die nie ausgelassen werden sollten:

- Wie messen wir Leistung?
- Was sind grundlegende Probleme unserer Leistung?
- Wie können wir Leistung verbessern?
- Gibt es ein allgemeines Interesse an Verbesserungen?

Diese Fragen müssen immer gestellt werden – gibt es auf eine von ihnen keine Antwort, ist es ein schlechtes Zeichen. Dann sollte die Antwort schnellstens gefunden und das Problem gelöst werden. Sehen wir uns die Fragen nacheinander an.

Messung

Messung ist die Voraussetzung für jede weitere Maßnahme. Sie können die Firmenleistung nicht verbessern, ohne zu wissen, wie sie überhaupt aussieht. Dafür muß sie gemessen werden, was auf verschiedene Art geschehen kann.

Die erste Methode ist die eindeutigste: Vergleichen Sie Ihre Firmenleistung mit der der besten Firma Ihrer Branche. Die meisten Firmen veröffentlichen Daten, und in einigen Bereichen, wie Finanz, Autoherstellung, Fluglinien, wird man regelrecht überschwemmt. Es ist nicht leicht, daraus zu schlüssigen Aussagen zu kommen, jedoch einen Versuch wert; Hinweise auf Leistung gibt es immer.

Auch funktionale Standards können zur Leistungsbeurteilung herangezogen werden. In jeder Branche gibt es eine »pi-mal-Daumen«-Schätzung: die übliche Größe der Personalabteilung, der übliche Umsatz, die üblichen laufenden Kosten oder das Marketingbudget. Fällt Ihr Betrieb aus der Norm, sollten Sie sich den Gründen der Diskrepanz widmen. Wo sind sie zu suchen? Sind es gute Gründe?

Die jährlichen Trends innerhalb Ihres Betriebes sind ein weiterer Hinweis. Leistung kann nicht ad hoc beurteilt werden, sie muß in einem zeitlichen Zusammenhang gesehen werden. Die menschliche Natur strebt danach, Aufwärtstrends an die Wand zu hängen, wo sie jeder bewundern kann. Vielleicht sogar direkt hinter dem Schreibtisch, wie in den besten Cartoons. Abwärtstrends jedoch verschwinden lieber in den Akten, wo sie niemandem zur Last fallen. Trends, die im Vergleich zu anderen Firmen ein schlechteres Bild geben, können vertuscht oder wegargumentiert werden; es wird ein besonderer Faktor hervorgehoben, der den Vergleich ungültig macht, und jeder verläßt beruhigt die Sitzung. Als CEO sollten Sie für unangenehme Fragen jedoch eine besondere Zuneigung hegen. »Warum verkaufen sich unsere Produkte in Asien schlechter? Wo liegt der wahre Grund? Liegt er in der Wirtschaftskrise im pazifischen Raum? Oder machen die Koreaner einfach bessere Produkte? Und wenn dem tatsächlich so ist, wann werden sie über Europa herfallen?«

Es gibt eine gewisse Tendenz bei Abwärtstrends: Anfangs werden sie ignoriert, dann werden sie als »leicht besorgniserregend« erkannt, dann werden sie zu einer »Investition, die wir doch tätigen hätten sollen«, und zuletzt werden sie zur Krise. Es ist Ihre Aufgabe als CEO, den Trends rechtzeitig Aufmerksamkeit zu schenken, sonst wird die Krise zu Ihrer Krise.

Der Bedarf an Information ist noch lange nicht gedeckt. Der nächste Schritt ist schwieriger: zu verstehen, warum Ihr Unternehmen eine bestimmte Leistung erbringt. Diese Art der Informationssammlung ist analytisch und qualitativ orientiert – jedes Stückchen ist gleich wichtig. Wie können Sie etwas unternehmen, wenn Sie nicht die Grundprobleme Ihrer Firmenleistung kennen?

Sie brauchen auch hier nicht im dunkeln zu tappen. Es gibt eine Reihe nützlicher und gut erprobter Methoden, die Ihnen beim Beantworten dieser Frage behilflich sein können.

Als ersten Schritt sollten Sie sich die Konkurrenz in Ihrer Branche gut ansehen. Spielen nur die Kosten eine Frage, oder gibt es noch einen wichtigeren Faktor, der Gewinner von Verlierern unterscheidet? Liegt es an der Produktqualität? Der kurzen Lieferzeit? Dem Nachverkaufsservice? Suchen Sie die Antwort, und die Firmenleistung wird Ihnen schon klarer werden. Vielleicht hat die Firma viele Stärken, Schwächen jedoch in wichtigen Bereichen?

Nehmen Sie zweitens Ihren Erfolgsmaßstab aufs Korn. Wie stellen Sie fest, ob Sie auf Erfolgskurs sind oder nicht? Geht es nur um einen Mindeststandard, oder gibt es noch andere wichtige Leistungsindikatoren? Marktanteile? Stückpreis? Lieferzeiten? Ihr Aktienpreis, das Kurs-Gewinn-Verhältnis? Alle Firmen entwickeln auf diesem Gebiet bestimmte Gewohnheiten, bestimmte Indizien, auf die jeder automatisch achtet. Sehen Sie sich diese an!

Wenn Sie den Erfolg Ihres Unternehmens messen wollen, können Sie sich nicht auf Gewohnheiten oder Klischees stützen. Sie müssen schon tiefer gehen, wenn Ihre Tätigkeit Erfolg haben soll. Welche Hebel müssen Sie in Bewegung setzen, um welche Verbesserungen zu erreichen? Die Antwort können Sie nur finden, wenn Sie auch die Faktoren identifizieren, die tatsächlich Ihre Leistung ausmachen, die den Aktionärs- und Kundenwert erhöhen.

Die sogenannte sichtbare Leistung Ihrer Firma arbeiten Sie auf traditionelle Art und Weise heraus: Sie kennen Ihren Gewinn und Ihren Aktienpreis; Sie sehen Ihre Verkaufskurve und den Marktanteil; auf der anderen Seite haben Sie Ihre Kosten, unterteilt – wie immer – nach Abteilung oder Tätigkeit, fixe Kosten, Arbeitskosten, Materialkosten. Das sind Standards, die auch zu Standardentscheidungen führen. »Wenn wir die Materialkosten um A kürzen, können wir eine Gewinnsteigerung um B erwarten.« Es ist relativ einfach, anhand einer herkömmlichen Kostenaufstellung zu solchen Schlüssen zu kommen. Aber kann man aus diesen Zahlen, der üblichen Kosten-Nutzen-Analyse, auch die wahren Antriebskräfte für die Leistung herauslesen?

Das können Sie nur erfahren, wenn Sie einen Blick quer durch die Organisation werfen – es wird sich lohnen; stellen Sie Fragen, die die üblichen Ziffern nicht beantworten. »Wie hoch ist unsere Produktrentabilität? Wie hoch ist die Rentabilität jedes Marktsektors? Wie sehen uns unsere Kunden? Verlieren wir Aufträge? Verlassen uns gute Leute, und wenn ja, warum?«

Niemand wird Ihnen dafür danken, aber unangenehme Fragen zu stellen ist ein wichtiger Aufgabenbereich eines CEO.

Ein Unternehmen kann z. B. erfolglos sein, weil es zuviel anbieten will; dabei liegt der Grund der schlechten Leistung lediglich bei einem diffusen Management. Exzessive Diversifikation hat zu so hoher Komplexität der Berichtssysteme geführt, daß niemand mehr weiß, wo das Unternehmen rentabel ist und wo nicht. Viele erfolgreiche Kehrtwendungen begannen mit der Eliminierung irrelevanter Aktivitäten.

Ein anderes faules Ei – besonders bei Dienstleistungsunternehmen – kann in den Kosten der Infrastruktur liegen. Eine wichtige Frage wäre vielleicht: »Brauchen wir diese Infrastruktur überhaupt?« Bei Drucklegung dieses Buches ist es noch zu früh zu beurteilen, ob die branchenlose Bank First Direct den englischen Banksektor verändert hat. Diese mutige Initiative ist jedenfalls ein gutes Beispiel dafür, was geschieht, wenn sich jemand traut, neue Fragen zu stellen. Warum brauchen Banken in jeder Hauptstraße eine Niederlassung? Was brauchen die Kunden tatsächlich von ihnen, und kann man diese Dienstleistungen auch einfacher zur Verfügung stellen?

Solche Fragen lassen die Standardindikatoren weit hinter sich. Sie müssen jedoch beantwortet werden. Wenn Sie Ihre Vertriebskosten oder Ihre Produktrentabilität nicht analysiert haben, werden Sie vielleicht eines Tages von einem klügeren Konkurrenten überholt.

Verbesserungen

Die Leistungssteigerung wird selten durch einen einzigen Schritt erreicht. Eher durch umfassende Programme mit verschiedenen Zeithorizonten. Oft ist eine ganze Reihe von Initiativen notwendig, die kurzfristig, mittelfristig oder langfristig angesetzt sind.

Kurzfristig liegt die Priorität bei der Betriebseffizienz, die nicht aus den Augen gelassen werden darf; wenn es ums Überleben geht, werden drastische Maßnahmen notwendig sein. Aber Vorsicht beim Fettwegschneiden, erwischen Sie nicht das Fleisch, sonst wird es schwierig, nach der Krise wieder auf Ihren strategischen Kurs zurückzukehren.

Mittelfristig wird die Priorität bei Verbesserungen der Geschäftspolitik und der Technologie liegen. Jetzt haben Sie Zeit, die Organisation, deren Entwicklung und die Leute darin genauer zu betrachten. Ist sie zu komplex? Könnte sie rationalisiert und vereinfacht werden? Gibt es zu viele Ebenen? Würde eine Struktur mit weniger Ebenen und kürzeren Informationsketten effektiver sein? Kann die Organisation verändert, können die Angestellten in eine Richtung gebracht werden, die der Zielsetzung des Unternehmens besser entspricht?

Diese letzte Frage ist entscheidend und wird oft nicht gründlich genug behandelt. Bei der Verschmelzung von Organisation und Unternehmen kann einiges schiefgehen. Nehmen Sie die NHS-(National-Health-Service-)Spitäler, die eine starke Zweiparteien-Struktur hatten. Auf der einen Seite stand das klinische Personal – mit der bestmöglichen Pflege der Patienten betraut; auf der anderen Seite stand das administrative Personal – um Kosteneffizienz bemüht. Der Konflikt ließ sich nicht vermeiden. Mit zwei so unterschiedlichen Prioritäten zerfleischte sich die Organisation selbst, anstatt zu einer Einheit eines gutgeführten Spitals zu werden. Immerhin wurde das Problem erkannt und dem klinischen Personal mehr Verantwortung für die Kosteneffizienz übertragen.

Langfristig gesehen hängt die Leistungssteigerung von Ihrer Unternehmenskultur ab. Hier kommt das Engagement hinzu.

Engagement

Es ist relativ einfach, im Rahmen eines einzelnen Verbesserungsprogramms Engagement zu erreichen, besonders wenn es ums Überleben geht. Die wahre Herausforderung liegt jedoch in der Schaffung einer Unternehmenskultur, wo kontinuierliche Verbesserungen automatisch eingebracht werden. Ein derartiges Engagement ist nicht leicht zu erreichen. Ich werde noch an anderer Stelle dieses Buches auf die Dynamik der Unternehmenskultur näher eingehen, hier soll nur festgehalten werden, daß die letzte Phase zur Leistungssteigerung jene ist, in der der Prozeß verinnerlicht wird.

Dazu ist es notwendig, das Bewußtsein zu ändern und Qualitäts-Management-Programme einzuführen. Verbesserungen sollten als kontinuierlicher Prozeß gesehen werden. Bis zu einem gewissen Grad können sie durch richtige Kontrolle erreicht werden, letztendlich stellt sich der Erfolg in einer Unternehmenskultur dort ein, wo sich die Leute freiwillig dafür engagieren. Sie kommen freiwillig mit eigenen Ideen, aus einem natürlichen und instinktiven Wunsch nach Verbesserung.

Eine derartige kollektive Loyalität ist außerhalb Japans eher selten, aber nicht unmöglich – machen Sie den Anfang! Als CEO müssen Sie daran interessiert sein, die Leistung Ihres Unternehmens zu steigern, es ist auch ein Test für Sie selbst. Sie werden nicht alles selbst machen können, müssen aber einen klaren Überblick über die verschiedenen Initiativen bewahren und deren Fortbestand sichern.

Zu jeder Zeit müssen Sie die Ergebnisse im Auge behalten. Ideen sind gefragt, wenn es um die Zukunft der Firma geht; hier ist jedoch Ihr Durchhaltevermögen gefragt, Ihre Fähigkeit, dem Druck standzuhalten. Eine höhere Leistung muß sich auch in besseren Ergebnissen niederschlagen, nicht über Nacht, aber doch irgendwann. Sonst war die Mühe nicht viel wert.

13

Gutes Finanzmanagement: Ein Grundlehrsatz

In einem Buch wie diesem läuft man leicht Gefahr, in eine Diktion zu verfallen wie: »Um ein guter CEO zu sein, müssen Sie dies und das und jenes tun ...« Autoren, die auf diese Art an die Sache herangehen, schützen sich zwar vor Kritik, bieten aber auch wenig brauchbaren Rat und sagen schließlich nur: »Machen Sie alles richtig, dann machen Sie auch Ihre Arbeit gut.«

Deshalb halte ich mich an diese 30 Punkte, die mir für einen CEO wichtig scheinen. Sicher eine selektive Liste, die meine eigenen Erfahrungen und Meinungen einbringt. In dieser Liste gibt es jedoch ein oder zwei Punkte, deren Wichtigkeit unumstritten ist: sie könnten als jene Aufgaben definiert werden, die bei Mißachtung dem CEO auf den Kopf fallen. Ein solcher Punkt ist das Finanzmanagement.

Unzählige Studien haben ergeben, daß mangelnde Finanzkontrolle der häufigste Grund für Firmenkonkurse ist. Bei Drucklegung dieses Buches im Frühjahr 1991 krachte es im Gebälk mehrerer großer Unternehmen. Dies sowohl auf internationaler Ebene – über einige amerikanische und japanische Banken wird gemunkelt – als auch auf dem heimischen Markt, wo Verzugszinsen und sinkende Verkaufszahlen die Ressourcen vieler Unternehmen erschöpft haben. Einige Aufsteiger der 80er Jahre kämpfen jetzt um ihr Überleben.

Magere Zeiten zeigen deutlicher die Notwendigkeit einer strengen Finanzkontrolle auf, und auch gute Zeiten könnten durch Finanzkontrolle noch besser sein.

Bis zu einem gewissen Grad ist die Antwort darauf einfach: Suchen Sie sich einen guten Finanzdirektor.

Was aber ist ein guter Finanzdirektor? Die Definition ist nicht einfach: Seine Kompetenz muß sorgfältig überlegt werden, denn sie ist vielfältig, und verschiedene Facetten sind bei verschiedenen Unternehmen zu berücksichtigen.

In jedem Unternehmen gibt es einen externen und einen internen Bereich. Im externen Bereich wird Ihr Finanzdirektor die Ansprechperson für Bankleute, Wirtschaftsprüfer und Anwälte sein, für Börsianer, Analytiker und Regierungsbehörden. Er muß sich mit dem Finanzamt und den Kontrollbehörden befassen und darauf achten, daß die gesetzliche Berichtspflicht eingehalten wird.

Im internen Bereich muß er dafür sorgen, daß das Unternehmen gut verwaltet und entsprechend finanziert wird. Seine Aufgabe ist zwar nicht die Herstellung des richtigen Produktes oder ein guter Verkauf, er sollte aber doch etwas vom Geschäft verstehen und in der Lage sein, die wichtigsten Informationen für Sie herauszufiltern.

Gute Finanzdirektoren werden das Gesellschaftskapital für das Unternehmen arbeiten lassen. Gute Kapitalverwaltung stellt einen wesentlichen Beitrag zur Firmenrentabilität dar.

Ist der Finanzdirektor ein geprüfter Wirtschaftstreuhänder – was meiner Meinung nach günstig wäre –, wird er auch Mitglied eines Berufsverbandes sein. Er mag zwar im Unternehmen angestellt und ihm verbunden sein, muß jedoch auch gesetzlichen Verpflichtungen seines Berufsverbandes nachkommen, die bei der Erstellung Ihrer Firmenbilanz einfließen. Was für Sie einfach aussehen mag, kann ihn in die Zwickmühle bringen. Für ihn ist es eine Gratwanderung, das dürfen Sie nicht vergessen; tun Sie es doch, werden Sie auch keine gute Fachkraft bekommen.

In guten Firmen hat der Finanzdirektor eine wichtige Funktion, und dessen enge Zusammenarbeit mit dem CEO ist ausschlaggebend für den Firmenerfolg. Bei einem Unternehmens- oder auch nur Abteilungswechsel nehmen CEOs daher ihre Finanzdirektoren oft sogar mit.

Diese Beziehung ist also sehr wichtig – fast genauso wichtig wie jene mit Ihrem Vorstandsvorsitzenden – und sollte gut gepflegt werden; sie wird auch je nach Ihren Kompetenzen verschieden ausgewogen sein. Wenn Sie ein Hansdampf in allen Gassen sind und nur wenig Ahnung von Zahlen und Ziffern haben, werden Sie gut beraten sein, einen gut ausgebildeten Wirtschaftsprüfer zur Seite zu haben. Sind Sie jedoch selbst geprüfter Wirtschaftstreuhänder, werden Sie vielleicht diese Arbeit selbst machen wollen – und das ist immer ein Fehler. Als CEO wird Ihre Energie in vielen anderen Bereichen gebraucht, und der Finanzbereich ist keiner, der nebenher mitlaufen kann. Lord Weinstock und Lord Hanson hatten trotz ihrer Finanzausbildung keine Ambitionen, ihre eigenen Fachleute auf diesem Gebiet zu sein.

Kein CEO gleicht dem anderen, das ist auch bei Finanzfachleuten nicht anders: ob sie nun Experten im Steuerrecht, der Kapitalverwaltung oder den Absicherungsmethoden auf internationalen Finanzmärkten sind; einige kennen sich mit kleinen GmbHs aus, anderen ist die Börsenhektik nichts Neues; einige haben Insiderkenntnisse von Finanzinstituten und der City, andere ein Talent für Hochrechnungen, und wieder andere sind Spezialisten im Finanzmanagement.

Was ist Ihr momentaner Bedarf? Effiziente Kapitalkontrolle? Gute Systeme? Jedes Unternehmen wird seine eigenen Prioritäten haben, je nach der Art des Geschäftes und des Entwicklungsstandes. Überdies wird jeder CEO, je nach seinen eigenen Fähigkeiten und dem im Vorstand angestrebten Gleichgewicht, verschiedene Anforderungen stellen. Alle diese Faktoren bestimmen das Anforderungsprofil Ihres Finanzdirektors. Wählen Sie ihn in Ruhe aus, es kann sein, daß in einigen Jahren ein anderer Typ von Finanzdirektor notwendig ist.

Ausgewogenheit ist ein Schlüsselfaktor: Vielleicht klinge ich negativ, aber der beste Beweis wird dann geliefert, wenn Dinge danebengehen, weil die Balance verlorengeht. Ein übermächtiger Finanzdirektor wird z. B. Anspruch auf Bereiche erheben, von denen er nichts versteht. Seine Kontrolle über Kapitalausgaben kann, zusammen mit einer negativen Einstellung, ein Unternehmen ins Trudeln bringen. Wenn Abteilungen immer nach der Pfeife des Finanzdirektors tanzen müssen, kann das eine Reihe von Widerständen hervorrufen.

Eine weitere Gefahr liegt in übertriebener Bürokratie bei Finanzberichten: der Horror vor monatlichen Papierstößen und detaillierten Berichten – nur zu leicht wird er zur Realität. Der Finanzdirektor sollte darauf achten, daß die Monatsberichte an den Vorstand gerade so viel Information enthalten, wie zur Führung des Unternehmens notwendig ist, nicht mehr und nicht weniger. Er muß auch darauf achten, daß die Schlüsselfaktoren des Unternehmens identifiziert werden. Ich behaupte, daß solche monatlichen Informationen und deren Analyse in den wenigsten Firmen Usus sind. Oft liegen zwar die Richtlinien zur monatlichen Berichterstattung auf, aber die Information bleibt unverarbeitet im Direktionsbüro liegen; oder wird automatisch an den Vorstand weitergeleitet, der kein Interesse daran hat, weil nicht die Information geliefert wird, die zur Geschäftsführung wichtig ist.

Auch ein omnipotenter CEO, der über dem Finanzdirektor steht, hat einen negativen Einfluß auf die Balance, was dem Unternehmen ernsthafte Probleme bereiten kann. Die für die Öffentlichkeit bestimmten Zahlen müssen der Wahrheit entsprechen, und die für das Unternehmen bestimmten Zahlen müssen genau die Handelsposition wiedergeben. Viele der in letzter Zeit bekanntgewordenen Fälle waren durch ein derartiges Versäumnis ausgelöst worden.

In großen Konzernen kann es problematisch werden, wenn Finanzdirektoren der verschiedenen Abteilungen ihre für das Direktionsbüro bestimmten Zahlen und Ziffern aufeinander abstimmen, um ihren Abteilungsleiter zu schützen. Der Gruppenfinanzdirektor muß klarstellen, daß eine derartige Zahlenmanipulation gesetzeswidrig ist. Bei der Ergebnispräsentation gibt es immer einen Spielraum, der sich jedoch innerhalb des allgemeinen Finanzrahmens halten sollte; hier ist eine konservative und keine optimistische Einstellung gefragt.

Die Fähigkeit, Prognosen aufzustellen, ist wichtig für das Management, und ein fähiger Finanzexperte wird viel Zeit dafür aufwenden. Hüten Sie sich vor dem sogenannten »Gentleman Comptroller«, der zwar eine schöne Bilanz aufstellt, die bis auf den letzten Groschen genau aufgeht, gleichzeitig jedoch in die Irre führt. Er hat wahrscheinlich die besten Verbindungen zu den Wirtschaftsprüfern, dem Unternehmen wird aber nur der Rückspiegel gezeigt, und der darauf folgende Zusammenbruch kann plötzlich und endgültig sein.

In den 70er Jahren beriet PA Court Lines, eine Charter-Fluglinie, in einer Organisationsfrage. Zum gegebenen Zeitpunkt sollte unser Finanzberater Einblick in die Finanzen erhalten. Am Tage seiner Ankunft gab der Vorstand ein Mittagessen für den Bürgermeister von Benidorm und hatte soeben einen Experten zur langfristigen Unternehmensplanung angestellt. Die Atmosphäre war ruhig und zuversichtlich. Nach einigen Stunden über den Finanzen ging unser Finanzberater direkt zum PA-Direktor mit der Nachricht, daß wir da einen Kunden hätten, der in groben Problemen steckt. Einige Tage später meldete die Firma Konkurs an.

In all diesen Fällen war ein Element der Balance verlorengegangen. Der kritische Faktor bei einem guten Finanzmanagement liegt im ausgewogenen Verhältnis zwischen dem Finanzdirektor und dem CEO: Es richtet sich nach ihren persönlichen Stärken und nach den Bedürfnissen der Firma. Natürlich stehen Kontrolle, detaillierte Information und Prognosen an erster Stelle; darüber hinaus gibt es jedoch kritische Entscheidungspunkte, wo Sie von den Fähigkeiten und Ratschlägen eines guten Finanzfachmannes profitieren können.

Wohlgemerkt, wir sprechen hier von Finanzmanagement und nicht von Buchführungssystemen. Natürlich gibt es Schnittstellen zwischen diesen zwei Bereichen, zu deren Vor- und Nachteil. Deshalb eine Bemerkung zu Systemen.

Auch hier ist Ausgewogenheit das Schlüsselwort, und es gilt, zwei Extreme zu vermeiden: zuviel Flexibilität und zuwenig.

Kein System sollte so schwammig sein, daß man es zum eigenen Nutzen umfunktionieren kann. Nur zu leicht können Zahlen in Waffen und zum eigenen Vorteil verwandelt werden. Wenn Sie selbst mühsam die Firmenleiter erklommen haben, wissen Sie wohl bestens Bescheid über die verschiedenen Spielchen.

Da gibt es einmal die überaus optimistische Prognose, die ein mattes Jahr aufpolieren soll. Oder das absichtlich aufgeplusterte Budget, in der Erwartung, daß es ohnehin auf die gewünschte Größe zurückgeschnitten wird. Da gibt es den Manager, der Kosten seiner Abteilung auf andere abwälzen will, um so selbst erfolgreicher dazustehen. Und da gibt es den Trick der Ablenkung von größeren Themen durch ein kleines arithmetisches Bravourstück oder die Gegentaktik, wichtige Themen in eine Wolke von genauen, aber überflüssigen Fakten zu hüllen. Computerauszüge in einem unverständlichen Fachjargon, die niemand in Frage zu stellen wagt, sind vielleicht der beliebteste Trick.

Ein guter Finanzexperte wird keine Tricks brauchen. Er wird von Anfang an sauber arbeiten und Sie vor Halbwahrheiten bewahren. Die Leute der obersten Firmenetage müssen den Zahlen der einzelnen Abteilungen vertrauen können; Tricks sind hier nicht gefragt.

Besonders in einem multinationalen Konzern haben solche Spiele katastrophale Folgen. Ein guter Finanzdirektor wird sie durch sein eigenes Netzwerk unterbinden. Der Finanzmanager jeder Abteilung sollte zusätzlich zu den Berichten an den Geschäftsführer auch eine direkte Verbindung zum CFO (Chief Financial Officer) haben. Diese Verbindung kann noch durch Sitzungen verstärkt werden, wo alle Finanzdirektoren zusammenkommen. Shell praktiziert dies schon seit Jahren.

Soviel zu den Gefahren der Flexibilität. Im Gegensatz dazu ist das rigide Buchführungssystem weiter verbreitet. Sie wollen etwas Neues, anderes, Größeres, und Ihre Finanzabteilung sagt kopfschüttelnd: »Das geht nicht, das können wir nicht verbuchen.« Ich habe Firmen ihre größten Chancen verpassen sehen, weil es entweder unmöglich oder zu schwierig war, das nötige Budget dafür zu erstellen. Sämtliche Ressourcen waren bereits gebunden und konnten nicht mehr verschoben werden. Die Strategie wurde vom System erdrückt.

Kein Buchführungssystem sollte jedoch etwas kontrollieren. Es sollte lediglich Informationen liefern, so daß die Verantwortlichen die Kontrolle im Interesse der Firma ausüben können. Das System soll der Firmenstrategie dienen und nicht umgekehrt.

In dieser Hinsicht ähnelt die Rolle des Finanzdirektors der des technischen Direktors. Es bringt nichts, wenn er den Vorstand mit Fachwissen vollstopft – er soll vielmehr seinen Kollegen Finanzthemen verständlich machen können. Seine Aufgabe besteht darin, Firmenentscheidungen vor finanziellem Nonsens zu bewahren. Dazu sollte er in der Lage sein, die Ziele der Firma zu erfassen und das Rechnungswesen darauf auszurichten.

Besonders die Budgeterstellung ist anfällig für Rigidität. So kann es leicht passieren, daß Budgets als unumstößlich angesehen werden. Nur weil sich Zahlen addieren lassen, wird angenommen, daß es im nächsten Jahr genauso sein wird. Die Gefahr besteht darin, daß nicht schnell genug reagiert werden kann, wenn sich etwas ändert. Ein Budget wird auf Grund von Prognosen und Zielen erstellt; verlieren diese Vermutungen an Gültigkeit – zum Besseren oder Schlechteren –, können Sie die Kontrolle über Ihre Kosten verlieren, weil Sie sich schon so weit vom Ausgangspunkt entfernt haben, daß Sie nicht mehr vergleichen können, wieviel Sie eigentlich ausgeben dürften und tatsächlich ausgeben. Die Antwort darauf: Erstellen Sie neue Prognosen, entwerfen Sie einen neuen Plan und ein neues Budget, auch wenn es viel Arbeit ist.

Dieses rasche Reagieren ist ein grundlegender Faktor der modernen Wirtschaft. Ich würde sagen, Flexibilität in allen Dingen außer bei der Genauigkeit von Zahlen ist *die* wichtigste Fähigkeit eines guten Finanzdirektors.

Nehmen Sie einen Betrieb, der seine Aktivitäten auf Gebiete außerhalb der nationalen Grenzen ausweitet. Wie mißt, schätzt und präsentiert er seine Gesamtleistung? Jeder Schritt wird auch das Rechnungswesen ändern, manchmal schnell und radikal. Vielleicht sollte Europa als ein großer Topf gesehen werden, mit je einer nationalen Filiale, die für den Gewinn auf ihrem Gebiet verantwortlich ist, der Gesamtgewinn jedoch auf einer paneuropäischen Ebene errechnet wird. Oder vielleicht sollte das System auf Geschäftsbranchen aufgeteilt werden, die europäische Gebiete miteinander verbinden.

Wie auch immer die Finanzstruktur in der Vergangenheit ausgesehen haben mag, das Unternehmen muß in der Lage sein, sie den Umständen entsprechend zu verändern. Gelingt dies nicht, werden Buchführungskonventionen zu einem Klotz am Bein. Mit der Informationstechnologie von heute ist es nicht so schwierig, eine Datenbank aufzubauen, die von jedem Blickwinkel aus betrachtet werden kann. Ist das System flexibel genug, können Sie Fragen stellen wie: »Wie hoch waren die Kosten vergangenes Jahr in Deutschland? Wie hoch war der Gewinn in Europa im Januar? Wieviel Gewinn haben wir im 3. Quartal am Banksektor gemacht?« Die Daten können beliebig abgerufen werden; ist diese Art von Flexibilität in das System integriert, erspart es Ihnen bei jeder strategischen Prioritätenänderung eine Analyse Ihrer Zahlen.

Überlegen Sie sich also die Art der Flexibilität, die für Ihr Unternehmen gut ist, diskutieren Sie sie mit Ihrem Finanzdirektor, und lassen Sie ihn ein System entwerfen, das den Zielen des Unternehmens entspricht.

Diese Art von enger, intelligenter und strategischer Zusammenarbeit sollten Sie mit Ihrem Finanzdirektor anstreben und nichts anderes.

14

Produktion: Wie schafft man den Durchbruch?

Jahrzehntelang waren Produktionsbetriebe der Meinung, Leistung könnte stufenweise erhöht werden: »Heuer werden wir eine Steigerung von 3% anstreben, sollte dies nicht gelingen, versuchen wir es nächstes Jahr wieder.«

Diese Einstellung hat vielleicht bisher ausgereicht, tut es jedoch jetzt nicht mehr. Heutzutage kann man nicht wettbewerbsfähig bleiben, indem man einfach auf den Knopf »Steigern« drückt. Sie müssen vielmehr in Richtung »Durchbruch« denken, an die Kehrtwende, die Sie radikal an die Spitze führt.

Dahin gibt es mehrere Wege; drei von ihnen sind in diesem Buch eigene Kapitel gewidmet – Total Quality, technologische Innovation und Informationstechnologie. In diesem Kapitel will ich mich dem vierten Weg widmen, der raschen Reaktion: daß Sie um die Wünsche der Kunden wissen, Herstellung und Vertrieb dementsprechend abstimmen, so daß die Produkte schneller auf dem Markt sind als die Ihrer Konkurrenten.

Wie so oft sind auch hier die Japaner beispielgebend.

Der Autohersteller Toyota erkannte früh genug, daß Marktanteile zu erobern hieß, Vielfalt anzubieten. In weiterer Folge bedeutete dies, die Lagervorräte zu reduzieren und auf Bestellung zu produzieren. Mit Einberechnung der Lieferzeit errechnete der Betrieb eine Produktionszeit von zwei Tagen, um wettbewerbsfähig zu bleiben.

Ein weiterer Schlüssel zum Erfolg lag auch in der schnellen Anpassung von Werkzeugen. Toyota sah sich bei anderen Produzenten um und entdeckte, daß Volkswagen innerhalb von nur vier Stunden von links- auf rechtsbündige Türen wechseln konnte, während andere Hersteller in Europa dafür zwischen 12 und 16 Stunden benötigten. Bald darauf war auch Toyota auf vier Stunden herunten. Nicht genug damit: Das Management verordnete, daß Türpressen innerhalb von 12 Minuten ausgewechselt werden sollten. Die unmittelbare Reaktion der Toyota-Ingenieure: das sei unmöglich. Es war doch möglich.

Aus dieser Geschichte kann man mindestens zwei Lektionen lernen: Erstens, daß Veränderungen dieser Art nur vorgenommen werden, wenn der Impetus dafür von ganz oben kommt. Hat das Management einmal entschieden, daß der Erfolg nur durch das Türpressen in 12 Minuten erreicht wird, muß es auch dabei bleiben. Vielleicht muß der gesamte Produktionsprozeß geändert werden.

Bei den anderen Autoherstellern lag der Grund für die langen Wechselzeiten von Türpressen nicht in mangelnder Intelligenz; vielmehr waren die Autofirmen einem Einbahndenken zum Opfer gefallen. Türpressen zu installieren wurde als Schwarze Magie angesehen, die nur Eingeweihte vornehmen durften. Toyota tauschte lediglich die Schwarze Magie durch simple Wissenschaft aus und löste das Problem durch gute, wenn auch nicht exotische Ingenieurkunst.

Das Management muß also einerseits Druck ausüben, andererseits für jede Veränderung offen sein.

Die zweite Lektion ist, daß Firmen einen Durchbruch erreichen, indem sie Grundlegendes ansprechen.

Oft liegt das Problem darin, daß Hersteller nur Symptome

aufgreifen, aber nicht die wahren Gründe. Wir erkennen z. B., daß der Markt eine Lieferzeit von 4 Wochen fordert, während wir 6 Wochen für die Produktion brauchen. Dann fangen wir an, mit den Wünschen der Kunden zu spekulieren, denn wir müssen ja mit der Herstellung anfangen, ohne die Auftragsmenge zu kennen. Dann finden wir heraus, daß wir uns verspekuliert haben, und setzen alle erdenklichen und kostspieligen Systeme in Bewegung, um bessere Prognosen erstellen zu können.

Das Problem ist jedoch nicht eine falsche Prognose, sondern die lange Produktionszeit. Toyota erkannte dies ganz richtig. All dies ist jedoch nicht so einfach. Sie müssen davon überzeugt sein und Mut und gute Nerven aufbringen; Sie müssen gut mit Leuten umgehen können. Wenn Ihr Produktionsmanager ein glühender Anhänger von großen Produktionsschüben ist und Sie sich für kleinere entschieden haben, bringen Sie es ihm lieber schonend bei!

Beachten Sie auch, daß nur dann schnell reagiert werden kann, wenn jeder darauf vorbereitet ist. Sie verbessern Ihr Grundprodukt, weil Sie dem Kunden schneller geben, was er will. Dieses Service beinhaltet eine Reihe von Komponenten, die eine nähere Betrachtung wert sind.

Die erste Komponente ist *rasche Produktentwicklung*, um schneller auf Marktbedürfnisse antworten zu können. Hier liegt der Schlüssel oft im Wechsel von einer Serien- zu einer Parallelproduktion. Bisher war es z. B. üblich, daß ein Produkt fast zur Gänze entwickelt ist, bevor man sich um die Verpakkung kümmert. Ginge es nicht schneller, wenn man den Verpackungsdesignern schon zu einem früheren Zeitpunkt die ungefähre Größe des Produktes mitteilt und so simultan gearbeitet werden kann?

Vielleicht ist diese Vorgangsweise risikoreicher, aber auch rentabler, wenn Sie damit früher auf den Markt gehen können.

Die zweite Komponente ist die *rasche Produktion*, d. h. eine effizientere Durchgangszeit. Wenn ein Produkt durch die Fabrik wandert, wird es nur für kurze Zeit bearbeitet, dann liegt es und verstaubt. Wenn Sie diese Wartezeit verkürzen können, wird auch die Durchgangszeit geringer. Das heißt kleinere Produktmengen pro Schub, was wiederum eine Just-in-Time-Technik und schnellere Wechsel erfordert sowie den Willen umzudenken.

Die dritte Komponente heißt *rasche Information* und fließt in die beiden vorhergehenden Komponenten ein. Es hilft der raschen Produktentwicklung und ermöglicht Ihnen, vom Design über Werkzeugausstattung zur Produktherstellung zu gehen und keine der Informationen neu eingeben zu müssen. Das ist für eine rasche Produktion wichtig, wo die effektive Anwendung von Information ganz unterschiedlich aussehen kann.

Das Unternehmen Linn Products in Schottland hat den Ruf, Hi-Fi-Komponenten höchster Qualität herzustellen. Zu dieser Qualität wurde jetzt noch Service hinzugefügt, indem man fixe Produktionsketten durch eine flexible Fabrik ersetzte. Der Clou daran ist die Anwendung von Informationstechnologie im Lagerraum. Hat der Arbeiter z. B. einige Plattenteller hergestellt, kann er auf den Knopf »Lautsprecher« drücken, und einige Minuten später findet ein automatisches Wägelchen den Weg zu seiner Werkbank mit allen Geräten und Materialien, die er für Lautsprecher braucht, und er kann schon damit beginnen.

Dieser Grad von Ausgeklügeltheit ist vielleicht nicht notwendig, eine Grundregel lautet jedoch, ausgeklügelter zu sein, als unbedingt notwendig. Ich habe z. B. von Leuten gehört, die sich für Zeichenarbeiten Roboter anschufen, anstatt einfach eine Tuschsprühvorrichtung und verschiedene Masken dazu zu kaufen. Achten Sie trotzdem auf ausgefeilte Techniken, die Sie erwerben können.

Die vierte Komponente ist *rasche Verteilung*. Mag Ihre Herstellung noch so schnell sein, der Vorsprung geht leicht verloren, wenn das Produkt in einem langsamen Verteilersystem verhungert. Hier spielt wieder die Informationstechnologie eine große Rolle. Die Botenfirma Federal Express hat ihre Firma umstrukturiert und Systeme eingeführt, wo jederzeit festgestellt werden kann, welches der Hunderttausenden Pakete in welchem Auto in welcher Stadt unterwegs ist.

Wie wir also sehen, fließt die Informationstechnologie bei der Verteilung wieder in die Produktion ein. Benetton, der italienische Strickwarenhersteller, verwendet Systeme, die sofort weitergeben, welche Farben in welcher Filiale verkauft werden. Wenn sich Weinrot in Mailand gut verkauft, wird automatisch Nachschub angefordert. Dieses System kann jedoch nur funktionieren, wenn auch die Fabrik selbst rasch reagieren kann. Benetton hat dies auf geniale Weise gelöst, indem der Produktionsprozeß umgedreht wurde. Bisher wurden Kleidungsstücke aus bereits gefärbtem Garn gestrickt. Benetton beschloß, zuerst zu stricken und dann zu färben, je nach Bedarf.

Einfach und doch revolutionär. Zwar mußte der Einfärbungsprozeß verbessert werden, was Benetton aber sonst gemacht hat, war, sich – wie Toyota – nicht von der traditionellen Denkweise einengen zu lassen.

Die letzte Komponente heißt *dynamisches Management*, d. h. eine Organisationsstruktur, die schnelle Entscheidungen ermöglicht. Sie können selbst mit einigen Fragen überprüfen, wo Sie stehen. Gibt es auf der unteren Ebene Leute, die Befugnis und Erfahrung zu eigenen Entscheidungen haben? Stellen Sie neues Personal an, weil Sie etwas verändern wollen oder weil Sie auf dem Status quo bleiben wollen? Befördern Sie Leute, weil sie Verbesserungen vorschlagen oder weil sie keine Fehler machen? Werden schnelle Entscheidungen durch Ihre Struktur erleichtert oder behindert?

Ein Unternehmen wie auch eine Armee kann nur so

schnell vorwärtskommen wie ihre langsamste Einheit. Es ist sinnlos, in Just-in-Time-Technik zu investieren, wenn die Entwicklung Ihrer Produkte ewig braucht, oder eine wunderbare Informationstechnologie zu haben, wenn Ihr Vertrieb chaotisch ist.

Der Ansatz zur Veränderung muß stimmen. Tut er dies, können die Ergebnisse umwerfend sein.

Abschließend wäre noch zu sagen, daß ein Durchbruch nicht auf immer und ewig gepachtet ist. Sie müssen weiter in Bewegung bleiben, das Rennen ist atemberaubend und nie zu Ende.

15

Total Quality: Wie erreicht man sie?

Die Geschichte der industriellen Renaissance Japans ist wohlbekannt. In den Jahren unmittelbar nach dem Zweiten Weltkrieg waren japanische Produkte billig und schäbig, bis in den 50er Jahren ein amerikanischer Statistiker, Dr. W. Edwards Deming, nach Japan reiste, um einen Vortrag über Qualitätskonzepte und deren Bedeutung für das Wirtschaftswachstum zu halten. Im Publikum saßen Spitzenleute aus der Industrie und hatten ein offenes Ohr für ihn.

Die japanische Industrie hatte von Anfang an auf Qualität gesetzt. Von einigen rühmlichen Ausnahmen abgesehen, brauchten Firmen in den USA 30 Jahre (in Europa noch länger), um die Bedeutung der japanischen Strategie zu erkennen. Der Rest der Welt suchte nach Erklärungen für das »japanische Wunder« – in der Kultur des Landes, im Konsensmanagement, überall, nur nicht in der Qualität, die Dr. Deming seinerzeit nach Japan exportiert hatte.

Die japanischen Leistungen bedürfen wohl keines weiteren Kommentares. Es genügt festzustellen, daß Japan derzeit über 50% des Weltmarktes in über 30 Produktionsbereichen innehat; dazu gehören Halbleiter, Schiffbau, Fotokopiergeräte, Hi-Fi, Roboter, Videorecorder, Klaviere und Uhren. Mit dem

Resultat, daß im Westen ganze Industrien vom Tisch gewischt wurden oder beträchtlich geschrumpft sind.

Für die meisten Unternehmen in Europa und den USA ist Total Quality lediglich eine Überlebensstrategie. »Qualität zu ignorieren ist reiner Firmenselbstmord«, meinte John A. Young, der Präsident von Hewlett-Packard. Sein Unternehmen ist eines derjenigen, das sich in den letzten Jahren dem Total-Quality-Prinzip verschrieben hat, wie auch IBM, Procter & Gamble, Mercedes Benz, Federal Express, Jaguar, British Airways und meine eigene Firma, PA.

Ich will hier nicht breittreten, was passiert, wenn das Total-Quality-Prinzip nicht beachtet wird, sondern lieber Vorteile aufzeigen, die dieses Prinzip den nichtjapanischen Firmen gebracht hat. HP fand z. B. heraus, daß der Produktionsausschuß durch Total Quality (TQ) um 60%, die Forschungs- und Entwicklungszeit um 34% gesunken, während die Produktivität um 90% gestiegen war. Jaguar erhöhte seine Produktivität zwischen 1980 und 1986 von 1,3 Autos auf 4 Autos pro Arbeitskraft. In ähnlicher Weise stieg die Produktivität bei Harley Davidson um 50%, und die Lagerbestände wurden radikal um 75% reduziert. Caterpillar Tractors vermelden direkte Ersparnisse von 100 Mio. US-$ in den sieben Jahren ihres Qualitätsprogramms.

Diese Zahlen zeigen wohl anschaulich die Bedeutung von Total Quality. Sie ist nicht nur wirtschaftlich gesehen wichtig. In einer Welt von unendlichen Bedürfnissen und begrenzten Ressourcen ist die Eliminierung von Ausschuß und Abfall – ein Schlüsselfaktor von Total Quality Management (TQM) – ein sozialer Imperativ. Wenn Sie sich nicht darum kümmern, wird es die Konkurrenz tun. Und was machen Sie, wenn sich deren Produktivität auf 90% erhöht hat?

Total Quality definieren

Um den Begriff Total Quality zu verstehen, muß man einige Konnotationen, die das Wort »Qualität« in letzter Zeit bekommen hat, erst einmal streichen. Besonders durch die Werbung wurde Qualität gleichgesetzt mit hohen Preisen. Designerkleider, das wohltuende (Tür-)Geräusch eines teuren Autos, maßgeschneiderte Schuhe, Goldschmuck – damit wird Qualität verbunden.

Und das führt in die Irre. Die Mutter, die genau in den Bolzen paßt und sich leicht drehen läßt, deswegen aber nicht locker ist, zeugt genauso von Qualität wie das teuerste händisch hergestellte Auto. Schließlich sind in diesem Auto genau solche Muttern verarbeitet. Ingenieure würden die Mutter als »den Spezifikationen gemäß« beschreiben, was jedoch eine nicht sehr brauchbare Definition von Qualität ist. Will der Kunde das Produkt nicht kaufen, ist es gleichgültig, ob es den Spezifikationen entspricht oder nicht.

Viel wichtiger ist das Wohlbefinden des Kunden. Qualität wird nicht durch das Produkt oder das Service vermittelt, sondern durch den Kunden. Daher wird Total Quality mit »den Anforderungen des Kunden entsprechend« definiert, der Kernaussage des Total-Quality-Konzeptes.

Diese Definition umfaßt jedoch weit mehr, als man auf den ersten Blick vermutet, denn der Kunde ist nicht nur der Endverbraucher, dem das Unternehmen etwas verkauft; auch innerhalb des Unternehmens gibt es Kunden. In der Herstellungskette ist jeder sowohl Kunde als auch Lieferant; er sollte von seinem Lieferanten genau das bekommen, was für eine gute Arbeit nötig ist, und genau das weitergeben, was die nächste Person braucht. Auf diese Art prägt sich der Leitsatz »den Anforderungen des Kunden entsprechend« schon innerhalb der Betriebsvorgänge ein; jeder einzelne ist für gute Arbeit verantwortlich. Schon während der Herstellung achtet jeder auf Qualität, es wird nicht erst auf die letzte Qualitätskontrolle gewartet.

Die alte Maxime »sei zu Deinem Nächsten wie zu Dir selbst« würde diese Einstellung ausdrücken. Das impliziert auch eine faire Behandlung der externen Lieferanten: sie nicht dazu zu zwingen, mit den Preisen herunterzugehen, nur weil Sie sie dazu anhalten können, sondern sie richtig und prompt zu bezahlen und dafür Qualitätsprodukte und -service zu verlangen; sie also so zu behandeln, wie auch Sie von den Kunden behandelt werden möchten.

Total-Quality-Management, das Ihr Unternehmen zu einer Total-Quality-Organisation macht, kann eine gewaltige Veränderung auslösen. Es geht nicht mehr um Verkauf und Gewinn, wo die Kunden als lästige Leute empfunden werden, die sich fortwährend beschweren, die Sie umgarnen müssen, um sie für sich zu gewinnen. Wird der Leitsatz »den Anforderungen des Kunden entsprechend« zum Hauptziel Ihres Unternehmens, sollte sich eine Steigerung in Verkauf und Gewinn ganz automatisch einstellen.

Total-Quality-Management in Ihrem Unternehmen

Es gibt verschiedene Arten, wie Total Quality in einem Unternehmen eingeführt werden kann. Wir werden an dieser Stelle nicht ins Detail gehen, doch einige allgemeingültige Prinzipien aufgreifen.

Viele TQ-Gurus verkünden, daß deren Durchsetzung von oben kommen muß. Das stimmt. Die Veränderung in Richtung TQ-Organisation ist so tiefgreifend, daß das Management und besonders der CEO voll dahinter stehen muß. Bevor wir uns jedoch die Rolle des Managements ansehen, wollen wir uns den notwendigen Veränderungen widmen.

Adam Smith bringt in »The Wealth of Nations« das Beispiel einer Nadelfabrik, um zu zeigen, wie die Produktivität gesteigert werden kann, wenn eine Facharbeit in viele unqualifizierte Teilbereiche zerteilt wird. Damit hatte zwar die Aufteilung der Arbeit begonnen, aber gleichzeitig auch deren Degradierung.

Henry Ford verbannte absichtlich nicht nur Qualifikation, sondern auch Menschlichkeit aus der Fabrik, indem er den Herstellungsprozeß in die kleinsten Teile zerlegte (7.882 beim Modell T). Ein perfektes Beispiel für die Antithese eines Total-Quality-Betriebes; leider hat sich die alte Denkweise gut gehalten. Was für eine Verschwendung! Wenn Sie hirnlose Maschinen brauchen, dann verwenden Sie doch gleich Maschinen. Menschen haben weit mehr zu bieten.

Wenn Sie wissen wollen, wie eine Arbeit besser gemacht werden soll, sind Sie in 9 von 10 Fällen gut beraten, die ausführende Person selbst zu fragen. Um jedoch diese Information aus ihr herauszubekommen, müssen Sie auch das Gefühl vermitteln, daß es sich lohnt. Das heißt, die Person muß sich mit ihrer Arbeit identifizieren können.

Volvo ging diesen Weg, verließ die Henry-Ford-Produktionsart und teilte jedem Auto kleine Arbeitsteams zu. Sofort stellte sich ein größeres Verantwortungsgefühl ein – jeder Arbeiter wußte nun, an welchen Autos er selbst beteiligt war, und wenn etwas nicht funktionierte, lag es auch an ihm, den Fehler zu finden.

Wenn die Leute einmal beginnen, sich über die Qualität ihrer Arbeit Gedanken zu machen, dann achten sie nicht nur auf die eigene Arbeit, sie machen auch Druck auf den, der die Vorgabe liefert. Die individuellen Verbesserungen mögen oft minimal sein, Tausende von kleinen Verbesserungen können jedoch eine enorme Wirkung auf die Gesamtleistung haben. Der Schlüssel liegt darin, daß jeder einzelne auf Verbesserungen auf seinem Gebiet achtet und es ihm ermöglicht wird, sie auch umzusetzen.

Ein typischer Aspekt von TQ-Organisationen ist die Flut

von Vorschlägen seitens der Arbeitnehmer, von denen die meisten auch angenommen werden. Schon öfter in diesem Buch wurden japanische Beispiele zitiert, hier können jedoch westliche Organisationen durchaus mithalten. Beim Internal Revenue Service in Fresno, USA, wurden allein durch interne Vorschläge in drei Jahren über 2,75 Mio. US-$ eingespart.

Das ist einer der Bereiche, wo sich die oberste Führungsebene einschalten soll. Sie schafft die Struktur, die interne Vorschläge ermöglicht und fördert. Genau das – ermöglichen und fördern – wird eigentlich von einem Management erwartet; fühlen sich die Leute herumkommandiert, werden sie sich schwerlich mit ihrer Arbeit identifizieren. Viel mehr erreicht man mit motivierten und entscheidungsbefugten Arbeitnehmern.

Es genügt jedoch bei weitem nicht, die Leute zu Verbesserungen anzuhalten. Es genügt nicht einmal, wenn der Wunsch von ihnen selbst kommt – es müssen auch Systeme und Techniken geschaffen werden, wie man Probleme auf den Tisch legen und Lösungen erarbeiten kann. Es gibt ausgeklügelte Methoden zur Perfektionierung des Arbeitsvorganges, zum Verständnis der Variabilität, Planung von Funktionen etc.; man weiß, was die Leute für das Unternehmen tun können und wo sie zielführend eingesetzt werden.

Ein Aspekt des Total-Quality-Managements, das auch Sie als CEO betrifft, ist die Themenwahl. Setzen Sie ein bis drei Themen pro Jahr fest, die als übergeordnetes Prinzip für die nächsten Monate gelten. Sie können sich auf spezifische Gebiete beziehen, wo Verbesserungen nötig sind, oder allgemeiner gehalten sein.

Einer meiner Manager war kürzlich bei Komatsu, wo genau darüber eine Präsentation stattfand. Ein Komatsu-Repräsentant wurde gefragt, wie es zur Themenwahl komme. Er verwies uns auf eine Anschlagtafel, wo eine Reihe von Themen angeheftet waren – eines vom Generaldirektor, eines vom kaufmännischen Direktor, eines vom technischen Direktor. Jedes Thema hatte dieselbe Grundidee und unterschied sich in der Detailliertheit. Nun konnte jede Abteilung Ideen bringen.

In der Präsentation fragte jemand: »Was ist Ihr Ziel?« – »Eine Steigerung von 3%«, war die Antwort des Generaldirektors. Keine erstaunten Gesichter, bis ein Dolmetscher das Wort ergriff.

»Ich glaube, Sie haben etwas mißverstanden. Er meint 3% pro Monat.«

Das zeigt einen wichtigen Aspekt des Total-Quality-Managements: die Steigerung muß kontinuierlich sein. Man strebt nach Perfektion, was per definitionem schon unerreichbar ist, denn es kann immer irgend etwas besser gemacht werden. Betriebe begeben sich oft auf diesen Total-Quality-Weg und bleiben entweder nach 2 Jahren stehen und lehnen sich zurück mit der Einstellung »jetzt haben wir Total Quality erreicht, jetzt können wir uns ausruhen«, oder sie kommen zu einem Punkt, wo der Kosten-Nutzen-Effekt eine solche Kluft erreicht hat, daß sie überhaupt aufgeben. Verzweifeln Sie nicht, wenn sich Ihr Unternehmen gerade in so einer Phase befindet; dann ist das nächste Kapitel für Sie.

Der Weg zu Total Quality

Es ist nicht einfach, zu einer TQ-Organisation zu werden, und es geht auch nicht so schnell. Der Weg ist lang und hart, und es kann durchaus sein, daß einige unterwegs aufgeben. Bei PA hatten wir immer wieder mit Unternehmen zu tun, die in Schwierigkeiten geraten waren und ihren anfänglichen Eifer verloren hatten.

Aus unserer Erfahrung unterscheiden wir vier Phasen auf dem Weg zu Total Quality, die jede für sich charakteristisch ist. Wir werden uns diese Phasen ansehen: Gehören Sie zu jenen, die zwar den Total-Quality-Weg eingeschlagen, ihn aber verloren haben, müssen Sie zuallererst herausfinden, wo Sie überhaupt stehen.

Die erste Phase nennen wir Qualitätsbewußtsein (Quality Awareness). Der CEO hat eingesehen, daß das Thema Qualität angesprochen werden muß, und einige Daten wurden transparent gemacht. Qualität wurde mit Kundenzufriedenheit definiert, jedoch nur oberflächlich; der Kunde ist noch immer die Person, der die Firma etwas verkauft; die internen Kunden wurden noch nicht wahrgenommen, quantifizierbare Resultate sind spärlich gesät.

In der zweiten Phase, der Qualitätsförderung (Quality Promotion), merkt man schon eine übergeordnete Idee. Die Initiative liegt jedoch noch immer beim CEO, der einem Ausschuß vorsteht, wo das Qualitätsprogramm geprüft werden soll. Das Motto der kontinuierlichen Verbesserung wurde bereits eingeführt, so auch spezifische qualitätsorientierte Initiativen – wie Projekte zur Problemlösung, interdisziplinäre Teams und Fort- und Weiterbildungsprogramme. Qualität ist jedoch noch immer darauf beschränkt, was das Unternehmen tut, und nicht, was es ist. Einige Fortschritte sind bereits zu verzeichnen, an den Strukturen und Systemen des Unternehmens hat sich jedoch noch nichts geändert.

Phase drei ist das Qualitäts-Management (Quality Management), was schon ein beachtlicher Schritt vorwärts ist. Das Unternehmen konzentriert sich auf ein, zwei oder drei Themen auf Gebieten, wo sich die oberste Führungsebene einen Durchbruch erwartet. Qualität ist kein externes Objekt mehr, sondern zu einem fixen Bestandteil des Unternehmens geworden. Die Leute reden nicht mehr davon, »den Ansprüchen der Kunden zu entsprechen«, sondern »die Zeit für die Umjustierung der Werkzeuge von 60 auf 6 Stunden zu reduzieren« – nicht, weil ersteres nicht mehr gilt, sondern weil es zu einem integrierten Teil der Arbeit geworden ist. Kontinuierliche Verbesserung gehört nun zu den Manageraufgaben. Qualität muß nicht mehr gepredigt werden, sie ist Teil des Systems.

In der letzten Phase, der Qualitätsumsetzung (Quality Empowerment), handelt jeder automatisch nach diesen Kriterien. Vertrauen und Delegieren haben eine hohe Stufe erreicht, die Kommunikation ist offen und ehrlich, sowohl intern als auch extern mit Kunden und Lieferanten. Management bedeutet nicht mehr, Direktiven von oben nach unten weiterzugeben, sondern vielmehr, eine Umgebung zu schaffen und Ressourcen zur Verfügung zu stellen, die Initiativen von unten nach oben fördern.

Diese vier Phasen sollen veranschaulichen, daß der Weg zu Total Quality nicht geradeaus nach oben führt. Innerhalb der einzelnen Phase durchaus, aber jede Phase ist Teil des Weges; das heißt, daß am Ende jeder Phase – auch bei nachlassenden Ergebnissen – ein zusätzlicher Kraftaufwand notwendig ist, um den Übergang zur nächsten Phase zu schaffen. Genau an diesem Punkt kommen viele Unternehmen ins Schleudern. Mit nachlassenden Ergebnissen geben sie auf, weil sie glauben, daß Total Quality unerreichbar sei, oder sie bleiben stehen und ruhen sich erst einmal auf den erreichten Resultaten aus. Geht man jedoch nicht weiter vorwärts, geht man unweigerlich zurück. An diesem Punkt – wo es am schwierigsten aussieht – sollte bewußt werden, daß man mit einem letzten Ruck in die nächste Phase kommt.

Genau am Übergang von einer Phase zur nächsten, wo es am schwierigsten ist, sollten Sie als CEO die Führung übernehmen, d. h. sich besonders der Motivation widmen. Sie müssen davon überzeugt sein, daß weitere Schritte in Richtung Total Quality möglich sind, und diese Überzeugung auch im Unternehmen verbreiten können. Sie müssen die Leute so motivieren, daß die »kritische Menge« an Engagement erreicht wird, die den Sprung in die nächste Phase ermöglicht.

Ein Hauptgrund für sinkende Motivation ist eine Unterschätzung der dafür benötigten Zeit. Um in Phase 4 zu kommen, dauert es mindestens fünf Jahre, wenn nicht länger. Das muß schon zu Beginn erkannt und akzeptiert werden.

Genauso wichtig ist, sich immer wieder zu vergegenwärtigen, warum man diesen Weg geht. Total Quality ist nicht das Ende des Weges, es ist eine Möglichkeit, Ihre Kunden zufriedenzustellen und dadurch eine höhere Wettbewerbsfähigkeit zu erlangen. Wenn Ihre Kunden nicht zufrieden sind, nützt auch Ihr Bemühen um Total Quality nichts. Behalten Sie also die Wünsche Ihrer Kunden im Auge.

Vor einigen Jahren, als Procter & Gamble Total Quality einführten, entdeckten sie, daß ihre Pampers Marktanteile an Huggies verloren. Die Firma wußte, daß ihr Produkt zumindest genauso gut war, also wurde das Problem untersucht. Es stellte sich heraus, daß die Kunden die klare Information auf der Huggies-Packung schätzten. Mit anderen Worten – es bestand nicht nur ein Bedürfnis nach Produktqualität, sondern auch nach Service, Hilfsbereitschaft und Kommunikation.

Worin liegt also die Aufgabe des CEO? Ich würde sagen, in einer feinen, fast widersprüchlichen Mischung von Zurückhaltung und Vorwärtsdrängen.

Total Quality kann nicht durch Kontrolle und Anweisungen erreicht werden, wie in vielen Firmen versucht wurde. Die traditionelle Pyramide mit dem Management an der Spitze und den Befehle entgegennehmenden Arbeitern ganz unten funktioniert hier nicht. Sie muß umgedreht werden. Die Arbeiter müssen ganz oben sein, den Kunden zugewandt. Darunter sollte sich das Management befinden, dessen Aufgabe darin besteht, arbeitsbehindernde Probleme aus dem Weg zu räumen. »Ihre Diener, das Management« – so sollte das Denkschema lauten.

Paradoxerweise verlangt Total Quality vom CEO, einen größeren Einfluß auf sein Unternehmen auszuüben als je zuvor. Er muß eine grundlegende Kulturänderung bewirken, und das ist nicht einfach.

In Kapitel 22 werde ich dieses Thema wieder aufgreifen.

Dinge ins Rollen bringen

16

Strategie bringt Dinge ins Rollen

»Strategie« heißt, Entscheidungen darüber zu treffen, wo man hin will, und sicherzustellen, daß man auch dort hinkommt. Eine Strategie sollte jedoch immer in der Realität verankert sein. Sie beginnt bei den Fakten (wo stehen wir momentan?) und endet dort, wo man tatsächlich Dinge ins Rollen bringt. Dazwischen können Sie so theoretisch sein wie Sie möchten, solange Sie diese beiden Anker nicht aus den Augen verlieren.

Schließlich sagt ein Manager nicht: »Wie wäre es heute mit einer neuen Strategie?« – für eine Strategie gibt es reale Anlässe mit realen Zielen. »Wir müssen wachsen . . . wir müssen unsere Organisation verbessern . . . überdenken wir unsere Vorgangsweise noch einmal . . . wenn wir uns nicht verändern, geht's uns an den Kragen . . .« all dies sind Imperative, die die typischen Antriebskräfte für das strategische Denken eines Unternehmens sind.

Ich kenne Betriebe, die enorm viel Zeit und Mühe für die Ausarbeitung einer »Strategie« verwenden, sie dann in die Schreibtischlade legen und glauben, damit sei es getan. »Wir haben eine Strategie«, meinen sie. »Haben Sie nicht«, ist die Erwiderung, »Sie haben eine Absicht. Es ist so lange keine Strategie, solange sich nichts ändert.«

Besser, eine Strategie zu haben, die nur zu 50% perfekt ist, dafür zu 100% umgesetzt wird, als umgekehrt.

Werfen wir also einen Blick darauf, wie man eine Strategie verankern kann, damit sie tatsächlich etwas bringt.

Analyse

Sie können keine Strategie entwerfen, ohne vorher Ihre aktuelle Situation analysiert zu haben. Natürlich sind auch Meinungen bei der Formulierung einer Firmenstrategie wichtig, sie müssen jedoch auf Fakten beruhen. Sonst laufen Sie Gefahr, Ihre strategischen Entscheidungen von verschiedenen politischen oder persönlichen Vorstellungen prägen zu lassen anstatt von grundlegenden Dingen.

Der Ausgangspunkt für die meisten Unternehmen ist eine Überprüfung ihrer eigenen Branche. Wer konkurriert mit wem? Wer ist erfolgreich? Wie werden Veränderungen bewirkt? Wie wird die Branche in fünf Jahren aussehen?

Vielleicht klingt dies selbstverständlich, es ist jedoch wichtig herauszufinden, in welcher Branche man überhaupt operiert. Wenn Sie z. B. Elektrobohrer herstellen, sollten Sie Ihre Analyse nicht auf andere Bohrerhersteller beschränken. Dann sind Sie nämlich in der »Löcherbohr-Branche«, und es ist anzunehmen, daß Laserbohrer oder eine kluge Hammer-Nagel-Variante Bewegung in die Branche bringen wird.

Eine Branchenanalyse muß durch eine sorgfältige Marktbeobachtung ergänzt werden. Ihre Konkurrenz mag x, y oder z produzieren, aber entsprechen Sie selbst den Bedürfnissen der Kunden? Gibt es eine Möglichkeit, die noch niemand anderer ausgeschöpft hat? Sollten Sie vielleicht der erste mit einem Laserbohrer sein?

Bei der Beantwortung solcher Fragen besteht die Gefahr, die Gegenspieler abzuwerten und Ihre eigene Wettbewerbsposition aufzuwerten. Hier ist jedoch absolute Ehrlichkeit angebracht, besonders wenn Sie vermuten, daß Sie Marktanteile verlieren.

Formulierung

Die Fakten sind also gesammelt. Jetzt stellt sich die Frage, was Sie mit ihnen machen. Welche Strategie werden Sie jetzt angesichts Ihrer Erkenntnisse entwickeln?

Nach traditioneller Auffassung führen zwei Strategien zu einem Wettbewerbsvorteil: entweder Sie bieten Ihre Produkte billiger an, oder Sie gestalten sie um. Die Billigpreisvariante ist für westliche Unternehmen kaum mehr machbar. China oder die Philippinen können wesentlich billiger produzieren. Der Schlüssel liegt wie immer in der Differenzierung.

Hier öffnet sich ein weites Land; auch dieses Buch beschäftigt sich großteils mit der Differenzierung Ihres Unternehmens. Ihre Produkte, Ihre Technologie, Ihr Marketing, Ihr Personal, Ihre Systeme, alles kann ins Spiel gebracht werden, um eine Strategie zu entwerfen, die Ihr Unternehmen »anders« macht.

Hier kommen Klugheit und Flair dazu. Vergessen Sie nicht, auch nach links und rechts zu sehen und Kombinationen zu entdecken, auf die sonst noch niemand gekommen ist.

PA hatte einen Kunden, der Zündhölzer herstellte. Die Analyse hatte ergeben, daß das Produkt Marktanteile an billige Butanfeuerzeuge verlor. Frage: Was kann eine Zündholzfirma tun, wenn keine Leute mehr Zündhölzer kaufen? Antwort: Stellen Sie mit denselben Werkzeugen kleine Holzstäbchen her, tauchen Sie diese in Samen, und verkaufen Sie sie an Gärtner. Das wurde gemacht, und der Erfolg stellte sich prompt ein.

Die Formulierung einer Strategie legt nicht nur die Wettbewerbsposition fest, die man erreichen will; sie stellt auch eine Zukunftsperspektive her: Wie wird es dem Unternehmen gehen, wenn die Position erreicht ist, welche Leute werden Sie dann beschäftigen, welche Werte und Fähigkeiten werden Sie haben, wie werden Sie zusammenarbeiten, um die neue Position beizubehalten?

Umsetzung

Welche Strategie Sie auch wählen mögen, achten Sie darauf, daß sie auch umgesetzt werden kann.

Fidel Castros erste Revolution war ein Mißerfolg. Die verschiedenen Rebellengruppen verbargen sich in den Bergen oberhalb Havannas, als Fidel und sein Bruder Ramón beschlossen, die Sache anzugehen: Sie stürmten nach Havanna, die Attacke wurde jedoch niedergeschlagen und Ramón getötet. Währenddessen standen die anderen im Hintergrund – auch Che Guevara war dabei –, beobachteten und weigerten sich mitzumachen, bevor nicht die Richtung der Revolution geklärt war.

Fidel lernte daraus. Vor seinem nächsten Versuch versicherte er sich zuerst, daß alle Rebellengruppen bereit waren mitzutun – dann erst agierte er.

Die Moral von der Geschichte: Mobilisieren Sie erst Ihre Leute und Ressourcen, bevor Sie die Revolution beginnen. Verabsäumen Sie es, wird das Unternehmen in einen Guerillakrieg verwickelt.

Die meisten Strategien scheitern an der Umsetzung. Dabei liegt die Schwierigkeit nicht in der Wahl des besten Weges, sondern darin, ob das Unternehmen den Weg schnell genug gehen kann. Welchen Weg Sie auch gehen, es wird immer ein Wettrennen sein; viele Unternehmen unterschätzen die Zeit und die Mühe, die sie für notwendige Veränderungen brauchen. Am häufigsten wird die Schwierigkeit unterschätzt, Kultur und Einstellungen zu ändern. Nur zu oft gibt es unfertige Resultate, besonders wenn große Veränderungen anstehen.

Die Versuch-und-Irrtum-Methode ist hier nicht angebracht – sie würde Ihnen viele graue Haare bescheren, bis Sie auf einen grünen Zweig kommen. Denken Sie lieber länger nach, bevor Sie es angehen. Nach jahrelangen Erfahrungen ist PA überzeugt, daß der kritische Punkt bei der Entwicklung einer Firmenstrategie die realistische Einschätzung ihrer Umsetzungsfähigkeit ist.

Nehmen wir an, Ihr Unternehmen ist einigermaßen traditionell, und die Strategie will nun, daß es sich in eine dynamische Organisation verwandelt, deren Schwerpunkt im Marketingbereich liegt. Die Schwierigkeit, dies umzusetzen, ist enorm, und bevor Sie sich für diesen Weg entscheiden, sehen Sie sich lieber noch einmal genau an, welche Auswirkungen damit verbunden sind. Heißt das z. B., daß Sie alle Manager loswerden müssen, und wenn ja, woher bekommen Sie neue? Eine Strategie kann nur von Menschen umgesetzt werden; dabei ist es sehr leicht, in reine Vermutungen zu verfallen, inwieweit die Beschäftigten ihr Denken und ihre Fähigkeiten in die neue Richtung umlenken können. Die Hindernisse, die an der menschlichen Front auftauchen werden, sollten nie unterschätzt werden.

Nur zu oft versuchen Unternehmen, auf ihre neue Strategie von allen Ecken und Enden gleichzeitig loszugehen, und erreichen schließlich nichts. Teilen Sie Phasen ein, und akzeptieren Sie den damit verbundenen Zeitaufwand. Zuerst entwerfen Sie ein detailliertes Bild darüber, wie das Unternehmen nach Umsetzung der Strategie aussehen soll; dann überlegen Sie alle damit verbundenen Veränderungen – für die Menschen, Fähigkeiten, Prozesse, Ressourcen; dann entwickeln Sie eine Vorgangsweise. Und erst dann gehen Sie ans Werk.

Wählen Sie also nicht einfach irgendeine Strategie und überlegen im nachhinein, wie Sie sie am besten umsetzen. Der Prozeß ist doppelseitig: das Was bestimmt das Wie und umgekehrt. Zuerst müssen Sie sich über die notwendigen Veränderungen klar werden, und wenn Sie einmal erkannt haben, was möglich ist, hat dies auch einen Einfluß auf die Strategie, für die Sie sich entscheiden.

Der Grund dieses Ansatzes liegt darin, daß jede strategische Richtungsänderung eine Reihe von weiteren Veränderungen in der gesamten Organisation nach sich zieht. Das ist eine harte Nuß. Bis zu einem gewissen Grad ist jede Abteilung davon betroffen: Personal, Produktion, Finanzen, Marketing, Forschung; so auch Leistung, Werte, Organisationsabläufe, Systeme, Prozesse. Das Gebiet ist so weitläufig, daß auch viel schiefgehen kann. Es ist z. B. schwierig, den Anfang zu finden. Natürlich werden die Leute bremsen. Manager der mittleren Ebene filtern Anweisungen zu ihrem eigenen Vorteil. Einige Teile des Programms sind schneller durchzuziehen als andere, was die Synchronisierung erschwert. Unerwartete Hürden tauchen auf, Verzögerungen passieren, Sozialleistungen fallen weg, Kommunikation bricht zusammen, Ziele lösen sich in Luft auf. Es sieht so aus, als hätte niemand Zeit, Probleme durchzudenken und Prioritäten auszuarbeiten. Alle verlieren den Mut, und nach einiger Zeit setzt die alte Trägheit – abgesehen von einigen wenigen Verbesserungen – wieder ein.

Hier obliegt es dem CEO, das Management der Veränderung (Management of Change) einzusetzen. Dazu möchte ich drei Ideen beisteuern.

Erstens darf das Management des Veränderungspozesses nicht mit dem Unternehmensmanagement vermischt werden. Das Management der Veränderung funktioniert anders als das Linienmanagement, sollte daher separat behandelt und mit anderen Leuten besetzt werden. Das Veränderungsteam muß außerdem direkt dem CEO zuarbeiten, der das gesamte Projekt leiten und betreiben muß.

Zweitens sind Analyse und Planung wichtig. Vor dem Start müssen sämtliche erforderlichen Veränderungen definiert sein; die Umsetzung muß im Rahmen eines umfassenden Programms geschehen. In diesem Zusammenhang sind drei Dinge zu klären: Welches Ziel soll mit der Strategie erreicht werden? Wie sieht der Umstrukturierungsplan aus? Die Umstrukturierung muß in mehreren Phasen erfolgen. Welche Mittel werden zur Durchführung benötigt, und wie werden die verschiedenen Initiativen geleitet und miteinander verbunden?

Der dritte Punkt, den ich hier betonen möchte, liegt in den kleinen Wegetappen, die markiert werden müssen. Die oben genannten Umstrukturierungsphasen – ich nenne sie »Zwischeninseln« – können nicht genau genug definiert sein. Jede dieser Phasen muß ein bestimmtes Ziel haben. Nicht ein frommer Spruch, sondern bestimmte Verbesserungen – ein höherer Marktanteil, eine strukturelle Veränderung, ein neuer Prozeß. Das Ziel muß sowohl von Inputs wie auch Outputs her festgelegt werden. Und es muß natürlich weitergegeben werden. Jeder einzelne im Unternehmen sollte wissen, was zu tun ist, bis wann und von wem. Dieses Unterteilen des Programms in sichtbare und leicht verständliche Zwischenstufen ist für den Erfolg unabdingbar. Geschieht dies nicht, ist jeder Versuch einer strategischen Veränderung zu einer entmutigenden und endlosen Geröllfahrt verurteilt.

Die Rolle des CEO

Das Management der Veränderung ist nun zu einer eigenen Wissenschaft geworden: es ist ein Maß für die zunehmende Bedeutung für das Unternehmen. Es wurden verschiedene Methoden entworfen, um die Strategie zu formulieren und umzusetzen, um sie zu planen, in Gang zu bringen und auf jeder Firmenebene zu integrieren. Diese Methoden werden Ihnen vielleicht nicht bekannt sein. Für einen CEO eines kleineren Unternehmens ist es jedoch nicht ungewöhnlich, alle Stufen selbst implementieren zu müssen; mit einer Portion Reflexion und Hausverstand ist das durchaus machbar. Die Prinzipien guten strategischen Denkens – ob nun in großen oder kleinen Betrieben – können auf einige Faustregeln komprimiert werden:

- Überlegen Sie sorgfältig die Auswirkungen der Strategie im Unternehmen; lassen Sie nichts weg.
- Fragen Sie sich, welche praktischen Probleme auftauchen könnten. Können Sie gelöst werden, und wie? Weichen Sie den Antworten nicht aus.
- Fragen Sie sich, wie lange es dauern wird, bis die Veränderungen durchgeführt sind. Können Sie schnell genug vorgehen, um mit der Konkurrenz mitzuziehen?
- Fangen Sie nichts an, was Sie nicht auch zu Ende führen können. Planen Sie jeden Schritt, und fangen Sie erst dann an.

Die letztendliche Entscheidung liegt wieder einmal bei Ihnen. Es mögen Ihnen viele professionelle Ratschläge gegeben werden, die endgültige Firmenstrategie legen Sie fest. Sie beurteilen die Tragweite, und Ihre Ideen und Ihr Durchhaltevermögen beeinflussen die Veränderung. Das ist eine klare Führungsaufgabe und kann an niemanden delegiert werden.

In größeren Unternehmen wird es zwar einen Experten zur Strategieplanung geben, er ist jedoch oft ein linear denkender Mensch. Shell läßt z. B. an diese Aufgabe nur Leute heran, die mindestens 20 Jahre in diesem Bereich gearbeitet haben. Um auf dem Boden der Realität zu bleiben, wird meist ein erfahrener Manager geholt, der auch strategisch denken kann. In vielen Unternehmen wird für diese Aufgabe jedoch ein professioneller Stratege genommen, so daß es an den internen Linienmanagern liegt, die realistische Denkweise einzubringen. In beiden Fällen liegt die Verantwortung beim CEO: daß die Strategie durchführbar ist, die Schwierigkeiten akzeptiert worden sind, und jeder versteht, was er dazu beitragen muß.

Außerhalb des Vorstandszimmers wird Ihre erste Priorität die Kommunikation sein. Als Jan Carlzon die Umstrukturierung seiner Luftfahrtgesellschaft SAS vorbereitete, verbrachte er wohl ein Drittel seiner Zeit nur damit, den Leuten seiner Organisation das Programm zu erklären. Die wahre Führungsfähigkeit liegt darin, eine Vision vermitteln zu können.

Die zweite Priorität lautet, Ihre Manager auf allen Ebenen und von Anfang an einzubeziehen. Es hat keinen Sinn, hinter verschlossenen Türen eine Strategie zu entwickeln und sie dann mit dem Vermerk »bitte umsetzen« auszuteilen. Es wird einfach nicht geschehen. Ihre Mitarbeiter müssen das Gefühl haben, daß es ihre eigene Strategie ist, nur dann werden sie sich auch engagieren.

Idealerweise ist die Entwicklung einer Unternehmensstrategie keine Eintagsfliege, sondern ein konstanter und wachsender Prozeß. Viele Leute verbinden mit Strategie auch einen bestimmten Zeitrahmen, sie ist jedoch vielmehr eine Richtung. Und abgesehen von eventuellen Kursänderungen ist es ein langsames Vorwärtsrollen in die richtige Richtung. Die bestgeführten Unternehmen sind jene, die laufend Analysen durchführen und sich den Veränderungen anpassen.

17

Fusionen und Übernahmen: Führen sie in die gewünschte Richtung?

Fusionen und Übernahmen sind bereits so feste Bestandteile des modernen Wirtschaftslebens, daß wir nur mehr in Abkürzungen reden. Auch im Deutschen ist M & A bereits ein Begriff (Mergers and Acquisitions).

Ob in einer großen Aktiengesellschaft oder einer kleinen GmbH, jeder CEO muß dieses Thema auf der Tagesordnung haben. Werden Übernahmen richtig durchgeführt, erhöhen sie die Wettbewerbsfähigkeit – der Mitarbeiter, der Produkte und am Markt. Werden sie falsch durchgeführt, können sie Ihr Unternehmen in den Ruin führen. Sollen Übernahmen ein Mittel zu schnellerem Wachstum sein, müssen sie gut überlegt und klar verstanden werden. Die meisten CEOs werden irgendwann – zumindest in Gedanken – mit M & A konfrontiert werden.

Das Schlimmste, was Sie jedoch tun können, ist überstürzt zu handeln, aus einem Impuls heraus oder weil es Ihnen ein persönliches Anliegen ist. Überraschend oft ist eine Firmenheirat das Ergebnis einer kurzen und heftigen Liebesaffäre. Eine Übernahme kann jedoch auch durch feindselige Emotionen herbeigeführt werden.

Das bringt nie Glück. Übernahmen sollten immer das Ergebnis einer kühlen und objektiven Überlegung sein. Wie ich schon erwähnt habe, passierten bei der Vorbereitung für die Umstrukturierung der Londoner Finanzinstitute erstaunliche Fehler. Plötzlich wollten die meisten Banken auch mit Wertpapieren handeln, und es entbrannte ein Wettstreit um die Übernahme von Brokerfirmen. Anfänglich standen Übernahmen auf sicheren Füßen, mit steigendem Kauffieber jedoch wurden voreilige und schlecht durchdachte Entscheidungen getroffen – es wurden überaus hohe Preise bezahlt, und die Resultate waren katastrophal.

Strategische Auswahl

Als einzige Vorkehrung gegen solche Fehler ist zu überprüfen, ob Übernahmen auch zur Unternehmensstrategie passen. Was werden Sie nach dem Kauf von dieser Fusion oder dieser Übernahme haben? Wird es Sie näher an Ihre Unternehmensziele bringen? Oder gibt es vielleicht einen besseren Weg, sie zu erreichen?

Solche Fragen sollten erbarmungslos gestellt und auf drei strategischen Ebenen beantwortet werden:

- Die *Konzernstrategie* bestimmt An- und Verkäufe eines Konzerns mit vielen Geschäftsbereichen. Haben wir die richtige Mischung von Bereichen in unserem Portefeuille? Welche neuen Bereiche sollten wir dazuholen, welche abstoßen?
- Die *Unternehmensstrategie* beschäftigt sich mit der Wettbewerbsposition jedes einzelnen Bereiches auf dem Markt. Wie können wir in diesem Bereich – organisch oder durch Übernahmen – wachsen? Wie verbessern wir unseren Marktanteil? Wie sollen wir darin investieren?
- Die *Organisationsstrategie* beschäftigt sich mit Inputs aus verschiedenen Gebieten, wie z. B. Informationstechnologie, Technologie, menschliche Ressourcen etc. und unterstützt so die Unternehmensstrategie. Welche Technologie brauchen

wir, um auf diesem Markt erfolgreich zu sein? Können wir uns selbst entwickeln, oder sollten wir eine Fusion anstreben?

Eine gute Entscheidung muß sich aus Punkten aller dieser strategischen Ebenen zusammensetzen, die sich gegenseitig beeinflussen, von oben nach unten (top-down) und von unten nach oben (bottom-up). Es ist Ihre Aufgabe, darauf zu achten, daß dies auch passiert und daß persönliche Zweifel oder Präferenzen Ihrerseits mit anderen Meinungen verglichen werden.

Andererseits sollten Sie sich nicht zu sehr in den Schatten stellen: Im Zweifelsfall müssen Weisungen von oben nach unten Priorität gegenüber den Initiativen von unten nach oben haben. Übernahmen sind so risikobehaftet, zeitaufwendig und schwierig wiedergutzumachen, wenn sie mißlingen, daß Ihre Mitarbeiter nicht einfach kreuz und quer agieren können. Als CEO sollten Sie besonderen Einfluß auf die Art der gesuchten Geschäfte haben; dazu erstellen Sie am besten eine Kriterienliste für Übernahmen. Diese kann Größe und Art des Unternehmens beinhalten, Rentabilität, Cash-flow, die gewünschte Qualität des Managements und die Art der »Rettung«, die Sie in Erwägung ziehen. Diese Richtlinien können ganz einfach sein, sind jedoch äußerst wichtig, sonst verliert man in der Hitze des Gefechtes leicht den Faden und schlägt etwas gänzlich Unpassendes vor.

Strategie und Kriterien bestimmen auch die Suche. Beschließen Sie eine Vergrößerung Ihres Unternehmens durch eine Übernahme, müssen Sie Ihre Kandidaten sorgfältig auswählen, müssen überlegen, ob sie auch gefunden werden können, und dann ein Team erstellen, das diese Partner sucht. Diese Vorgangsweise sollte von der obersten Ebene ausgehen, d. h., der CEO behält sich das Recht vor, Vorschläge anzunehmen oder abzulehnen und die endgültige Entscheidung zu treffen.

Der Ausgangspunkt für jede Übernahme ist eine klare strategische Entscheidung. Hier sollte noch einmal überlegt werden, ob eine Übernahme der einzige Weg zum Ziel ist. Könnte es auch durch eine Zusammenarbeit mit einem anderen Unternehmen erreicht werden? Solche Kooperationen sind z. B. in der Autoindustrie bereits durchaus üblich.

Angenommen, eine Übernahme ist dennoch notwendig, so muß ein erster Schritt gesetzt werden. Unternehmen haben verschiedene Arten, Übernahmen anzugehen: normalerweise wird ein Team aus Finanzern, Planern und Technikern aufgestellt und, falls notwendig, auch mit externen Beratern. Seine erste Aufgabe besteht darin, die Branche zu durchkämmen und nach geeigneten Kandidaten Ausschau zu halten. Ist ein Kandidat gefunden, muß seine finanzielle Lage und technologische Voraussetzung überprüft werden. Sie dürfen nicht die Katze im Sack kaufen. Außerdem sind Sie per Gesetz zur »nötigen Sorgfalt« verpflichtet, d. h. Sie dürfen das Geld Ihrer Aktionäre nicht in Nieten investieren.

Zwei Schritte charakterisieren Übernahmen: der erste ist, die Übernahme durchzuführen, der zweite, sie zum Funktionieren zu bringen. Für jeden Schritt sind andere Fähigkeiten erforderlich. Übernahmen sind eine merkwürdige Mischung aus Procedere und Kreativität. Sie müssen sich in jeder Phase im klaren sein, was sie gerade tun, und dafür brauchen Sie eine bestimmte Vorgehensweise; gleichzeitig brauchen Sie ein gewisses Maß an Kreativität, um zum Abschluß zu kommen. Wenn es soweit ist, gibt es viele Möglichkeiten, diesen zu besiegeln. Vorerst müssen Sie jedoch jeden Schritt eingehend prüfen; wenn Sie einen auslassen oder nicht genau überprüfen, bekommen Sie Probleme. Sie müssen daher die Disziplin für diese Schritte aufbringen; es lohnt sich, ein strenges »Firmengesetzbuch« zu entwickeln, damit alle Vorbereitungsarbeiten, bei denen Sie persönlich nicht immer dabei sind, auch richtig erledigt werden.

Nehmen wir an, die Partnersuche Ihres Teams verläuft reibungslos; es kommt ein Zeitpunkt, wo Sie Ihre Wahl getroffen, die Verhandlungen jedoch noch nicht begonnen haben. Jetzt ist noch Zeit zu überlegen: natürlich wird Ihre Übernahme nicht der ideale Handel sein. Es wird Vor- und Nachteile geben, und jetzt sollten Sie sie noch ein letztes Mal gegeneinander aufwiegen.

Was wird Ihnen dieses Unternehmen bringen, was Sie noch nicht haben oder sonstwie erreichen können? Was erwerben Sie hier genau? Technologie? Produkte? Forschung? Marktanteile? Eine Marke? Eine Person? Ein Gebäude? Bessere Verteiler? Wie hoch sind die Kosten, und sind sie es wert? Welchen Preis zahlen Sie für einen guten Ruf? Wieviel erwerben Sie damit an Dingen, die Sie nicht wollen und irgendwie abstoßen werden müssen? Wieviel an Kosten, Führungszeit und Kapital wird notwendig sein, um dieses Unternehmen zu integrieren und es an Ihren derzeitigen Standard anzupassen?

Wenn es jetzt noch immer grünes Licht gibt, haben Sie alles Erdenkliche getan. Greifen Sie zum Telephon, und vereinbaren Sie einen Gesprächstermin. Aber noch keine Aufregung, bitte. Vielleicht bekommen Sie eine Abfuhr, oder das erste Treffen deckt Fehler auf, die Sie übersehen hatten.

Zurückgewiesen zu werden ist enttäuschend, vor allem nach all der harten Arbeit und den hohen Erwartungen. Vielleicht sollten Sie aber erleichtert sein.

Sie wissen wahrscheinlich, daß die meisten Übernahmen schiefgehen. Bei ca. 70% kommt es nach einigen Jahren zu Konflikten, entweder werden die Kundenwünsche nicht erfüllt, die Leistung ist nicht so hoch wie vorher, oder die Synergieeffekte sind nicht wie erwartet.

Wie kann es dazu kommen?

Meiner Meinung nach gibt es dafür zwei gute Gründe: eine fehlerhafte Analyse und Mangel an Kommunikation.

Die Gefahren mangelhafter Kommunikation

Dem Kommunikationsproblem wollen wir uns zuerst widmen: es existiert in den größten Aktiengesellschaften, kommt jedoch öfter bei Fusionen oder freundlichen Übernahmen zwischen GmbHs vor. Bei solchen Geschäften bleibt – zum Unterschied von feindlichen Übernahmen – die Führungsebene erhalten. Somit sind Eigentümer und Manager doppelt vertreten und vereinbaren eine Zusammenarbeit auf einer gemeinsamen Führungsebene, was offensichtlich ein kritischer Punkt ist.

Tatsächlich entzweien sie sich nur zu oft. Erst einige Zeit nach Abschluß der Geschäfte entdecken beide Seiten, daß sie verschiedene Dinge wollen, für sich oder für das Unternehmen. Jede Seite hat ihr eigenes Aufgabenpaket, das bei den Verhandlungen nie aufgetaucht ist. Die eine Seite will Gewinn, die andere Kapitalzuwachs. Eine möchte auf der Börse notieren, die andere nicht . . . eine will Wachstum um jeden Preis, die andere ein ruhiges Leben . . . eine sieht die Firma als quantitativen Produkthersteller, die andere möchte eine Marktnische ausfüllen . . .

Die Unterschiede, die dann zutage treten, können erstaunlich grundlegend sein. Vielleicht ist man in den Verhandlungen geflissentlich darüber hinweggegangen, und jede Seite hoffte, daß ihre Meinung im Laufe der Zeit schon noch Geltung bekommen würde. Wie so oft, fürchte ich, traten verschiedene Ansichten nicht zutage, weil niemand daran dachte – oder sich traute, die einfachsten Fragen zu stellen.

Dafür gibt es keine Entschuldigung; Sie als CEO können hier die Wogen wieder glätten. Stellen Sie die einfachen Fragen selbst: »Bevor wir zu den Details kommen, schlage ich vor, daß jeder so umfangreich und ehrlich wie möglich sagt, was er für sich will und wie er die Zukunft des Unternehmens sieht ...«, oder so ähnlich.

Verhandlungen können nicht – wie die Vorbereitungsarbeiten – nach einem vorgegebenen Schema geführt werden. Hier sind Flexibilität und Urteilsvermögen gefragt und Ihr Engagement. Kein Abschluß ähnelt dem anderen, jeder wird anders getätigt werden. Aber wenn Sie diese wichtigen Fragen nicht ansprechen, machen Sie einen großen Fehler. Jede Seite muß die Karten auf den Tisch legen. Es wird keinen anhaltenden Erfolg geben, wenn die Vereinbarung nicht in aller Offenheit, nach Darlegung und Diskussion aller Schwierigkeiten, getroffen wird.

Ein Privatunternehmen mit Eigentümer und Manager in einer Person ist für solche Fehler vielleicht anfälliger als ein großer Konzern. Letzterer ist jedoch keinesfalls gegen Kommunikationsfehler gefeit, und wenn sie passieren, sind die Auswirkungen noch schlimmer.

Als CEO einer Aktiengesellschaft müssen Sie Ihre Aktionäre auf dem laufenden halten, und erst recht dann, wenn Sie eine Übernahme tätigen wollen. Ihre eigene Erklärung – die Vorteile, die sich daraus ergeben, das Potential, das sich damit eröffnet – wird den Haupteinfluß auf die Entscheidungen der Aktionäre haben, in Ihrem eigenen Unternehmen und in dem zu kaufenden. Einige werden ihr Geld unter den Arm nehmen und sich aus dem Staub machen, andere jedoch, die Ihrer Meinung vertrauen, werden die Übernahme mit einer Kapitalaufstockung unterstützen. Und gerade denen sind Sie Rechenschaft schuldig. Besonders institutionelle Investoren werden Sie persönlich für den Erfolg dieser Übernahme verantwortlich machen. Sobald sie das Gefühl haben, im Stich gelassen oder schlecht informiert worden zu sein, werden sie ihre Unterstützung sofort zurückziehen, und das kann fatale Folgen haben.

Diese Risken und Einschränkungen können schwerer wiegen als die Vorteile einer öffentlichen Notierung. Für einen dynamischen Unternehmer können sie eine unakzeptable Last sein. Wie z. B. für Richard Branson von Virgin oder für Andrew Lloyd-Webber von Really Useful Company. Beide zogen ihre Unternehmen von der Börse ab, nachdem sie sich über das vermeintlich geringe Vertrauen der City erbost hatten.

Kommunikationsfehler können den Erfolg von Fusionen und Übernahmen bedrohen. Es ist Aufgabe des CEO, die Hauptaktionäre bei der Stange zu halten.

Die Gefahren einer illusorischen Synergie

Wie sieht es mit dem zweiten weitverbreiteten Fehler aus? Ich habe ihn als einen Fehler in der Analyse beschrieben, er passiert jedoch schon viel früher, ist grundlegender, schwieriger zu entdecken und vielleicht gefährlicher: er heißt falsche Synergie.

Es gibt sehr wohl etwas wie Synergie (das ist nicht nur ein Modewort), und wenn sie funktioniert, kann es für Ihre Aktionäre eine Wertsteigerung bedeuten. Aber für Sie heißt dies harte Arbeit. Bei den meisten Übernahmen, die fehlschlagen, gab es nur eine scheinbare Synergie, wie sich erst in der Praxis herausstellt. Das ist immer eine schmerzvolle Entdeckung und hätte oft schon früher – durch eine gründliche Analyse – festgestellt werden können.

Vertikale Integration ist eine häufige Verlockung. Eine Verteilerfirma wird z. B. in die Herstellung gehen wollen, wenn sie sich des Wertes ihrer Produkte bewußt ist und mehr Fäden in der Hand haben will. »Wir sind dem Kunden näher«, wird behauptet, »wir verstehen etwas vom Markt und können die Konkurrenz schlagen.« Wovon sie jedoch nichts versteht, ist die Herstellung und wie sehr sie sich vom Verkauf unterscheidet. Und so findet sich die Firma – anstatt auf einer Welle der Synergie – im Kampf mit einem Unternehmen wieder, das ihr vollkommen fremd ist.

Sie können jedoch auch auf der horizontalen Ebene Schiffbruch erleiden, wie Saatchi & Saatchi.

Solche Bruchlandungen passieren nur zu oft. Als CEO eines großen Konzerns mit vielen Geschäftsbereichen werden Ihnen falsche Synergien vor den Augen tanzen wie bunte Schmetterlinge. Und genau dadurch unterscheidet sich Ihre Arbeit von einer einheitlichen Firma, dadurch wird sie auch schwieriger. Ihre einzige Rettung ist ein scharfes Auge für oberflächliche Argumentation und ein absolutes Beharren auf einer gründlichen Analyse.

Dafür gibt es eine einfache Regel: Sehen Sie sich einige mißlungene Übernahmen an und Sie werden, glaube ich zumindest, herausfinden, daß viele von der Ähnlichkeit von Produkten, Verfahren oder Technologien ausgingen. Solche Ähnlichkeiten sollten niemals als Synergie interpretiert werden. Wenn Sie eine Firma erwerben wollen, müssen Sie sich immer ansehen, welchen Markt sie beliefert, und ihn mit dem Ihren vergleichen, denn dort liegt die tatsächliche Synergie.

Immer wieder kann es vorkommen, daß dem Vorstand eine Fusion oder eine Übernahme auf Grund offensichtlicher Ähnlichkeiten vorgeschlagen wird. »Wir verstehen etwas vom Produkt«, wird das Argument sein. »Wir verstehen das Verfahren, die Absatzmöglichkeiten, die Finanzierungsquellen. Wir verstehen die Technologie . . .«

»Schon gut«, unterbrechen Sie, »aber verstehen wir auch den Markt?«

Achten Sie darauf, daß die Frage gestellt wird, und wenn es keine Antwort darauf gibt, ist das ein Alarmzeichen.

Ein gutes Beispiel für gelungene Synergie ist ein Betrieb, der Kupferdrähte für Telekommunikation und Fernsehkabel herstellte. Anstatt zu sagen, »wir sind im Drahtgeschäft, wir expandieren hier weiter«, waren sie so geistesgegenwärtig zu sehen, daß sie im Kommunikationsbereich tätig waren und sich um die Fiberoptik kümmern sollten. Das Resultat war eine erfolgreiche Übernahme auf Grund der Erkenntnis, daß der Markt, den sie bedienten, auch ihnen zugute kam.

In der Wirtschaft geht es um nichts geordneter zu als im Leben. Es gibt keine einfachen, allgemeingültigen und sicheren Regeln für Fusionen und Übernahmen. Wenn Sie jedoch unausgesprochene Punkte und schillernde Synergien aufdecken, haben Sie das Risiko eines Fehlschlages schon beträchtlich reduziert.

Integration

Es gibt viele Methoden, Unternehmen zu durchleuchten, bevor man sie vereint. Sie sollten sich ansehen, wie das Unternehmen zum Markt paßt, wie die Leute und die Unternehmenskultur zu Ihnen passen. Und Sie sollten auf jeden Fall einen gemeinsamen Geschäftsplan erstellen; bevor es aber überhaupt losgeht, sollten Sie ein Integrationsprogramm erstellen.

Die meisten Übernahmen gehen schief, weil grundlegende Dinge – wie Integration – nicht sorgfältig gemacht wurden. Niemand will in diesem Kontext an heikle Punkte denken. Es wird offengelassen, wer welchen Teil des Unternehmens führen wird, wer wessen Vorgesetzter sein wird. Es wird offengelassen, ob Abteilungen zusammengelegt werden, wie das Konsumentennetzwerk erstellt wird, wie Kunden bedient werden; und genau die Ablehnung, sich mit diesen Punkten zu beschäftigen, bringt nach dem Abschluß die große Desillusionierung.

Und eben hier kann der CEO einen persönlichen Beitrag zum Erfolg von Übernahmen leisten. Während das Geschäft noch diskutiert wird und noch lange vor dessen Abschluß sollten Sie auf einem Integrationsplan bestehen. Das heißt nicht, daß Sie an den Verhandlungen teilnehmen müssen, das können auch andere tun; Sie sollten aber dabei sein, um sicherzustellen, daß der Auftrag und die Strategie beider Unternehmen tatsächlich kompatibel sind. Sie müssen mit ihrem Gegenüber, dem anderen CEO, auch auf privater Ebene Dinge klären. Wenn Sie beide nicht miteinander auskommen und »einander nicht riechen können« – und das habe ich schon öfter bei Übernahmen erlebt –, hat es gar keinen Sinn, noch weiter zu verhandeln. Dann ist es besser, das Geschäft wieder abzublasen.

Wichtig ist, daß das Thema Integration bis zum Ende durchgedacht wird. Das müssen nicht Sie selbst erledigen, es muß jedenfalls gut geplant und durchgeführt werden. Verlieren Sie sich nicht in Details, Ihre Aufgabe liegt in der Führung. Es ist auch nicht Ihre Aufgabe, nach dem Ereignis Streitigkeiten zu schlichten, was jedoch sehr wohl notwendig sein wird, wenn Unklarheiten nicht bereinigt werden.

Ist das Geschäft einmal über die Bühne gegangen, übernimmt das Management der Veränderung, wie ich es im vorigen Kapitel beschrieben habe, die Integration. Denn man kann mit Sicherheit annehmen, daß auf beiden Seiten Veränderungen anstehen. Und wenn – wie es häufig vorkommt – im erworbenen Unternehmen größere Verbesserungen notwendig sind, hängt der Erfolg von der Geschwindigkeit ihrer Umsetzung ab. Gehen Sie zu rasch vor, kann das Unterfangen scheitern. Gehen Sie zu langsam vor, gibt es keine Ergebnisse: Sie mögen zwar eine angenehme Geschäftsverbindung haben, die jedoch nicht den erhofften Gewinn bringt.

All dies gehört zu den Aufgaben eines CEO. Die erfolgreiche Integration zweier Unternehmen, das Management der Veränderung in beiden Unternehmen wird an Ihr Führungspotential große Anforderungen stellen. Sie müssen Ihr Engagement beim erworbenen Unternehmen zeigen; Sie müssen ihm den Weg des neuen Unternehmens vermitteln und seinen Teil aufzeigen, der zum Erfolg beiträgt, sowie die Vorteile, die damit verbunden sind, Sie als Chef zu akzeptieren. Das muß die andere Seite unterschreiben und einhalten. Das neue Managementteam muß geschlossen hinter den gemeinsamen Unternehmenszielen stehen. Ohne diese Einheit wird Ihre Übernahme wahrscheinlich schiefgehen.

Und es gibt auch einen moralischen Aspekt zu beachten: Als CEO müssen Sie für alle Angestellten, die von einer Fusion betroffen sind, die Verantwortung übernehmen. Wenn Sie mit Zynismus jene loswerden, die Sie nicht brauchen, werden Sie Probleme bekommen, und dann geschieht Ihnen recht. Entlassungen und Personalreduktionen verlangen genausoviel Einfühlungsvermögen wie die Integration der verbleibenden Leute.

18

Mit schnellem Wachstum zurechtkommen

Vielleicht sind Sie der CEO eines Unternehmens, das rasant wächst – in dem Fall ist das folgende Kapitel für Sie das Richtige. Vielleicht sind Sie der CEO einer großen, behäbigen Organisation – dann ist es Zeit, sich zu überlegen, ob Sie nicht etwas Schwung hineinbringen wollen. Wahrscheinlich ist Ihr Unternehmen jedoch eine Mischung dieser Varianten, und einige Bereiche wachsen schneller als andere, das heißt Sie müssen sich mit dem Thema Gleichgewicht beschäftigen. Wieviel Spielraum und wieviel zusätzliche Ressourcen können Sie den schnell wachsenden Einheiten geben, ohne die anderen Abteilungen durcheinanderzubringen?

Die nächsten Seiten können jedenfalls nützlich sein – PA hat einige interessante Aufgaben auf diesem Gebiet erledigt.

Schnelles Wachstum ist ein bekanntes Problem, und einige Lösungen dazu gibt es ja bereits. Wachstum braucht einen unternehmerischen Geist im Management, und große Konzerne, die dies erreichen wollen, haben Wege gefunden, Entrepreneure oder Intrapreneure, wie sie seit neuestem genannt werden, im eigenen Unternehmen zu fördern. Der Begriff Intrapreneur wurde eingeführt, um ihn von jenen Abenteurertypen zu unterscheiden, die nie ein Konzerndach über ihrem Kopf dulden würden.

Intrapreneure können auf verschiedene Art gefördert werden. Einige der größten und traditionsreichsten Firmen, wie ICI und Unilever, haben Entscheidungsprozesse in kleinere Satellitenunternehmen nach außen verlagert, wovon jedes für seinen eigenen Gewinn und sein Wachstum verantwortlich ist. Abgesehen von einigen budgetären Einschränkungen und strategischen Richtlinien seitens der Zentrale arbeiten diese Unternehmen in völliger Selbständigkeit. Von ihren Managern wird unternehmerisches Handeln erwartet und dementsprechend unterstützt.

Solche Vorgangsweisen, verbunden mit einer drastischen Reduktion von Firmenzentralen, wurden in den 80er Jahren vor allem in großen Konzernen eingeführt und konnten eine Reihe von Erfolgen verzeichnen. Man kann nicht mehr sagen, daß große Wirtschaftskonzerne jegliche Initiative ersticken. Abgesehen von ausgegliederten Abteilungen gibt es viele Möglichkeiten, Intrapreneure zu entdecken. Zum Beispiel durch den partizipativen Stil, eine »Schmeichelhierarchie«, wo man diejenigen schützt, die sich trauen, über den Nestrand zu schauen, und die anderen ausmistet. Solche Methoden haben eine starke Wirkung und können in den Ethos und die kulturellen Normen des Unternehmens eingebaut werden.

Hier spielt aber vor allem Ihre eigene Einstellung eine Rolle: sie wird der einflußreichste Faktor sein, wenn es darum geht, eine mutige, risikofreudige und wachstumsorientierte Atmosphäre in das Unternehmen zu bringen. Jeder einzelne muß wissen und immer wieder daran erinnert werden, daß Sie diese Art von Unternehmen wollen. Wenn Sie das richtige Klima schaffen, werden die Talente wie Pilze aus dem Boden sprießen. Glauben Sie jedoch nicht, daß dies nur für das Management gilt. Es können wertvolle Intrapreneure im Keller Ihres Unternehmen versteckt sein.

Tohru Moriya ist ein gutes Beispiel dafür. Moriya war als Manager der mittleren Ebene soeben vom Londoner JAL-Büro nach Tokio zurückgekehrt und erhielt die Erlaubnis, den Routinejob in der Personalabteilung abwechslungsreicher zu gestalten: er sollte die drei – in Flugzeugen aufliegenden – JAL-Zeitschriften umkrempeln, die einen jährlichen Verlust von US-$ 345.000,– bescherten. Zuerst machte er eine einzige Zeitschrift daraus, die jetzt sowohl auf der Straße verkauft wird als auch in Flugzeugen aufliegt. Sie macht Gewinn und dient als Vehikel für das JAL-Versandhaus.

Moriya hat inzwischen weiter expandiert. Nach Erscheinen des »Stewardess Book«, das in Japan sofort zum Bestseller wurde, errichtete er ein Kulturzentrum, wo er ausländischen Unternehmern, die nach Japan übersiedeln wollen, Seminare anbietet. Alle diese Aktivitäten – vergessen Sie nicht – finden unter der Schirmherrschaft von JAL statt. Das neue Zentrum hat innerhalb der ganzen Fluglinie den höchsten Gewinn pro Mitarbeiter.

Um so einen Moriya innerhalb Ihres Unternehmens zu finden, werden Sie eine Atmosphäre schaffen müssen, wo die Angestellten die Freiheit haben, Risiko zu übernehmen oder kontroversielle Ideen vorzubringen, ohne Angst, sofort abgelehnt werden. Sie müssen die Freiheit bekommen, ihre eigenen Ziele und Zufriedenheit in der Arbeit erreichen zu können.

Ihre Aufgabe wird dabei sein, das Gleichgewicht zu halten. Grundregeln müssen erstellt werden, die Platz lassen für Initiative, aber auch ein Maß an Kontrolle beibehalten. Ressourcen müssen zur Verfügung gestellt werden – Zeit, Geld, Information, jedoch in einem Rahmen, der die restliche Organisation nicht ins Wanken bringt.

So weit, so gut. Mit diesen Faktoren können und sollten Sie das Wachstum innerhalb Ihres Unternehmens fördern. Alle sind beliebte Techniken in großen und gut etablierten Konzernen, die die bürokratische Trägheit abschütteln wollen, und sie können große Wirkung haben. »Konzernarthritis« ist ein Geisteszustand und hat nichts mit der Konzerngröße oder dessen Alter zu tun.

Nichtsdestotrotz gibt es Grenzen, wie weit die Organisation dem talentierten Einzelgänger entgegenkommen kann; sind diese erreicht, muß entschieden werden, ob er im Zaum gehalten oder mit der ganzen Abteilung ausgegliedert werden soll. Was Sie tun können, ist, Bedingungen zu schaffen, wo die Abteilung so lange wie möglich gedeiht, um dann eine Wiedereingliederung oder eine Ausgliederung anzustreben.

Der Grund für diese Limitierung liegt im ganz anderen Verhalten, das in einer schnell wachsenden Abteilung notwendig ist. Die Kultur ist anders, die Voraussetzungen sind anders, ebenso die Vorgangsweisen, Werte, Ziele und Motivationen. Die Art der Aktivität unterscheidet sich von einem herkömmlichen Unternehmen, und die erfolgreichen Leute sind eine spezielle Rasse. Deshalb werden Sie eine verschlafene Firma nicht in eine dynamische umändern oder eine dynamische einschläfern können. Genausogut könnten Sie versuchen, eine Schildkröte in einen Feldhasen zu verwandeln.

Die Besonderheiten des schnellen Wachstums hat PA kürzlich in einem Forschungsprojekt in Malmö, Schweden, untersucht. Der Fokus lag bei Unternehmen in Europa, deren Verkäufe organisch um mindestens 25% pro Jahr und das mindestens fünf Jahre lang gestiegen waren. Bei den 120 untersuchten Unternehmen handelte es sich sowohl um unabhängige Unternehmen als auch um Abteilungen von größeren Betrieben. Kein Betrieb beschäftigte weniger als 200 Leute.

Es wurden eine Reihe von Gemeinsamkeiten gefunden, die als nützlicher Begleitfaden dienen können. So gehen z. B. 90% von ihnen durch eine Phase, die durchaus als Krise bezeichnet werden kann. Diese Phase beginnt mit einer Krise und endet mit einer Krise, und auch dazwischen gibt es Krisen. Dabei werden fünf Stufen unterschieden:

- Die *Suchphase.* Unternehmer, die auf schnelles Wachstum setzen, werden eine Reihe von Ideen ausprobieren, bis sie das Marktkonzept gefunden haben, das schnelles Wachstum bringt. Viele Unternehmen erleiden Schiffbruch, bevor es überhaupt so weit kommt.
- Die *unmögliche Aufgabe.* Dann kommt die große Chance: zu gut, um sie vorübergehen zu lassen, jedoch eine Schuhnummer zu groß für Ihre momentane Kapazität. Dafür die Ressourcen zu sammeln, ist bereits die erste Krise für den Unternehmer und sein Team. Eine zusätzliche Geldspritze, durch Kredite oder Investitionskapital ist hier oft erforderlich; ist dies erfolgreich, sind die Auswirkungen enorm. Das Unternehmen strotzt vor Selbstvertrauen und erhöhter Risikobereitschaft. Es entsteht eine »Wir-können-Bäume-ausreißen«-Mythologie, die Gleichgesinnte anzieht.
- *Schnelles Wachstum.* Von jetzt an kann man das Unternehmen als »Turbulenz unter Kontrolle« bezeichnen. Neue Chancen werden sofort aufgegriffen, Entscheidungen im Laufschritt getroffen, und Geldhunger ist ein wichtiges Thema. Das Unternehmen wächst viel schneller als sein Markt, bleibt jedoch beim Konzept, das den Erfolg gebracht hat.
- Die *Schlußkrise.* In neun von zehn Fällen wird dieser vermeintliche Fortschritt durch eine Schlußkrise eingebremst, die aus vielen Gründen entstehen kann. Das Unternehmenskonzept kann den Fokus verlieren; explodierende Verkäufe führen zu Qualitätsmängeln; oder, wie so oft, der Markt entwickelt sich anders. Die Chancen für schnelles Wachstum bleiben aus.

- Die *Rückkehr zur Stabilität.* Bisher lag die Priorität darin, das Produkt hinauszubekommen. Andere Probleme wurden schnell und vorübergehend gelöst. Wenn jedoch das Wachstum nachläßt, holen auch die Probleme wieder auf. Wenn z. B. der Cash-flow langsamer wird, laufen die Kosten der Expansion weiter. Das Unternehmen ist in den Schwierigkeiten gefangen, weiß jedoch keinen Ausweg und kann so auch keine rettende Strategie finden. In dieser Phase wird die Investorengruppe oder die Muttergesellschaft aus Gewinndruck einen neuen CEO bestellen. Er muß dann zur Rettung des Unternehmens dessen Kultur verändern und zerstört dadurch genau die Elemente, die zu seinem außergewöhnlichen Wachstum geführt hatten. Schlüsselpersonen gehen weg oder werden entlassen. Innerhalb von wenigen Jahren ist das ursprüngliche Management-Team verschwunden und mit ihm die Hälfte der Belegschaft. Das Unternehmen kehrt wieder zur stabilen Position eines typischen, gut organisierten und langsam wachsenden Betriebes zurück.

Das ist also die Hochschaubahnfahrt, die schnelles Wachstum mit sich bringt. Einige Ausnahmen dazu gibt es. Trotz der inhärenten Instabilität kann schnelles Wachstum gut gelenkt werden. Hierzu gibt es eigene Regeln zu verstehen. Auch in diesem Geschäft gibt es erfolgbringende Strategien.

Wachstumsstrategien

Zu Beginn steht die strategische Entscheidung, daß so rasch wie möglich ein signifikanter Anteil eines wachsenden Marktes angestrebt werden soll. Eile ist deswegen geboten, weil Marktanteile besonders am Anfang wenig kosten. Wenn der Markt einmal gewachsen ist, können Anteile nur durch beträchtliche Kosten für eine Handelsmarke, neue Technologie oder Übernahmen erworben werden.

Ist die Nische, in der man wachsen will, einmal gefunden,

muß das Unternehmen hart arbeiten, um dieses Wachstum auch zu erreichen, und in den Kapazitätsausbau investieren, bevor sich der Markt weiter entwickelt. Das erfordert Mut und kann oft zu Cash-flow-Problemen führen. Die Investition kurbelt jedoch Verkauf und Marketing zur Erreichung der nötigen Kapazität an.

Diese Fähigkeit, schon am Anfang an Kapazität zu denken – was alle erfolgreichen Wachstumsfirmen auszeichnet –, hat einen wichtigen Nebeneffekt. Sie zwingt das Unternehmen dazu, bei seinem ursprünglichen Geschäft zu bleiben. Es gibt keine Zeit für andere Dinge.

Der ewig steigende Kapazitätsbedarf ist für schnell wachsende Unternehmen immer wieder der kritische Punkt, der sie auf alle möglichen Abwege führt. Sie müssen rasch ihre Vertriebsnetze und Kapazitäten erweitern, was oft zu übereilten Akquisitionen, Zusammenschlüssen und Joint-ventures führt. Diese Strategie birgt zwei Gefahren in sich: die Kontrolle geht verloren und damit die Qualität.

Letztendlich kommen wir zum Cash-flow, dem Lebenselixier jeder Expansion. Die Fähigkeit, damit umzugehen, ist ein weiterer Schlüssel zum Erfolg. Schnell wachsende Unternehmen brauchen ein gutes Finanzmanagement, schaffen es aber oft nicht, mit dem Druck auf steigende Gewinne zurechtzukommen, der von Eigentümern oder Aktionären ausgeübt wird. Ihrer Meinung nach ist das nicht das Hauptziel. Wachstum ist ihre Devise, und wenn notwendig auf Kosten von kurzfristigen Gewinnen. Ist dieses Unternehmen Teil eines großen Konzerns, wird es oft versuchen, seine Leistung einer Prüfung zu entziehen, weil es den kurzfristigen Vorstellungen der konzerninternen Zahlenklauber mißtraut. Was letztere wiederum erbost, und damit ist der erste Schritt zur Schlußkrise bereits getan.

Regeln für den CEO

Nehmen wir einmal an, Ihr Unternehmen setzt auf schnelles Wachstum. Welche Richtlinien gibt es für den CEO? Nicht viele, kann man schnell antworten, aber doch einige. Dieses Spiel hat von Natur aus weniger Spielregeln als andere, und PA hat in seiner Untersuchung die entscheidenden Fähigkeiten eines leistungsorientierten CEO herausgearbeitet.

Eine davon ist die Fähigkeit, sich mit hektischen Veränderungen zurechtzufinden. Er muß das richtige Gleichgewicht zwischen Anarchie und Bürokratie herstellen, wo Wachstum mit einem akzeptablen Risiko maximiert wird. Bekommt eine Richtung das Übergewicht, verliert das Unternehmen an Dynamik, geht es zu weit in die andere Richtung, gerät es außer Kontrolle.

Sie brauchen ungewöhnlich stark ausgeprägte Vorstellungen über den Weg des Unternehmens. Sie müssen so viele Entscheidungen wie möglich delegieren und diejenigen, die Sie nicht delegieren können, genau im Auge behalten. Um Krisen entschärfen zu können, müssen Sie flexibel sein und Prioritäten von einem kurzfristigen Ziel auf ein anderes verschieben können. Sie werden informelle Kontrollsysteme fördern und eher Richtlinien als unumstößliche Regeln aufstellen müssen. Ihre Gabe liegt darin, eine Organisation zu leiten, die vielmehr einem Netzwerk ähnelt als einer Hierarchie. Sie vermeiden Stellenbeschreibungen, weil sie zu statisch sind; statt dessen finden Sie Leute, die Lücken füllen.

Die gesamte Unternehmensstruktur ist um Personen, nicht um Funktionen aufgebaut – so ist es Ihnen recht. Sie ermutigen Projektteams, die die Mentalität von Tontaubenschützen haben, die ein Ziel nach dem anderen abschießen. Sie wissen, daß es in Ihrer Art von Unternehmen ein Zeichen von Gesundheit ist, wenn Ressourcen knapp sind, und entwickeln besonderes Geschick darin, die vorhandenen bestmöglich zu nutzen. Sie nehmen nur neue Leute auf, wenn es dringend notwendig ist. Sie halten die Administration auf ein Minimum beschränkt.

Rund um Sie bauen Sie ein vereintes und loyales Managementteam auf, das Ihre Vorstellungen teilt, wo jedoch eine Ausgewogenheit an Fähigkeiten herrscht und es auch jemanden gibt, der »Stop« sagen kann. In jedem schnell wachsenden Unternehmen muß es einen nüchternen Realisten geben.

Regeln für die Muttergesellschaft

Nehmen wir nun an, Sie sind der CEO eines großen Konzernes, wo dieser schnell wachsende Bereich eine Abteilung oder eine Filiale ist. Das Spiel ändert sich abrupt. Es werden viel differenziertere Fähigkeiten und feinfühlige Beurteilungen von Ihnen verlangt.

Erstens brauchen Sie – mehr als die Angestellten – ein gründliches Know-how über schnelles Wachstum: Wie funktioniert es, wodurch kommt es in Gang, wo kann es schiefgehen? Sie wissen um den großen Unterschied zwischen dieser Abteilung und dem restlichen Konzern und wenden deshalb auch nicht dieselben Kriterien an. Sie haben die Abteilung vielleicht schon von Anfang an als Sondereinheit betrachtet, so daß sie sich auf ihre Art entwickeln konnte.

Sie sind auf flukturierende Gewinne vorbereitet, weil Sie wissen, daß der Weg des schnellen Wachstums ein steiniger ist. Sie haben dies auch schon Ihren Kollegen in der Vorstandsetage erklärt. Von einem schnell wachsenden Bereich, haben Sie erklärt, bedeutet jeder Beitrag zum Gewinn einen Bonus: der wahre Gewinn liegt im gestiegenen Substanzwert.

Auf diese und andere Arten müssen Sie vielleicht das Baby vor der Muttergesellschaft schützen.

Eines Tages wird aber vielleicht die Mutter Schutz brauchen – wenn das Wachstum nachläßt, kann die besondere Abteilung keine besondere Behandlung mehr erwarten. Dann taucht das Problem auf, was Sie mit der Wachstumsabteilung machen: sie mit einer anderen, etablierteren Abteilung zusammenzulegen, stellt sich meist als Fehler heraus. Der Kulturunterschied ist einfach zu groß.

An diesem Punkt müssen Sie bereit sein, die Firma zu verkaufen oder ein Buyout zu akzeptieren. Eine andere Lösung ist die Umwandlung in eine Abteilung mit formalerer Kontrolle; dann können Sie jedoch nicht erwarten, daß Ihnen das ursprüngliche Team erhalten bleibt. Das Klügste in so einem Fall wäre, eine andere unmögliche Aufgabe im Talon zu haben, für die Sie Ihr Superteam einsetzen können.

Einige Menschen sind für den Streß und die Strapazen des schnellen Wachstums geboren. Die raschen Entscheidungen, die Aktionsfreiheit, die unmöglichen Arbeitszeiten sind für sie wie Milch und Honig.

Ihr Enthusiasmus kann Sie natürlich auch zur Verrücktheit führen. Sie können Ihre Firma ruinieren oder ihr Flügel verleihen. Der Clou liegt darin, diesen Leuten die richtige Richtung zu zeigen.

Imagepflege

19

Image und Realität

Ob Sie es wollen oder nicht, Ihr Unternehmen hat »draußen« ein Image. Alle, die je mit Ihrem Unternehmen zu tun hatten – Aktionäre, Angestellte, Kunden, Passanten –, haben sich ein Bild über Ihr Unternehmen gemacht. Nicht nur Ihr Logo oder Ihr Briefkopf verraten Ihre Identität. Viel öfter sind es die kleinen Dinge, die wichtig sind: wie ist z. B. der Parkplatz beschildert, wie wird man am Telephon behandelt.

Es geht also nicht darum, ein Image zu kreieren, denn Ihr Firmenimage existiert bereits, es geht darum, es zu pflegen.

Ein Image aufzubauen, ist eine so amorphe Angelegenheit, daß es schwierig ist, den Anfang zu finden. Wäre Ihr PR-Budget besser auf Parties für behinderte Kinder aufgehoben oder als Logo auf einem Heißluftballon? Wieviel soll überhaupt dafür ausgegeben werden? Und wer sagt, daß Ihre imagefördernden Aktivitäten überhaupt einen Unterschied machen?

Gott sei Dank kann man mehr messen, als viele glauben, und ein paar strukturierte Gedanken brauchen viel Zeit, bevor daraus konkrete Aktivitäten entstehen.

Zuallererst müssen Sie Ihr Publikum definieren. Wen müssen Sie am meisten beeindrucken, um von hier nach dort zu gelangen? Die Antwort wird vielleicht nicht klar sein. Natürlich kann kein Unternehmen weit kommen, wenn es bei Kunden und Aktionären nicht gut angeschrieben ist, aber was ist mit der örtlichen Bevölkerung, den Partnern Ihrer Angestellten, den Planungsbüros, den potentiellen Bewerbern, die alle einen Einfluß darauf haben können, wie gut Ihr Unternehmen dasteht?

Ihre Unternehmensstrategie legt Ihr Zielpublikum fest – beschränken Sie sich dabei nicht auf eine oder zwei Kategorien.

Haben Sie die Wahl getroffen, bleiben Sie dabei. Vielleicht glauben Sie, Ihr Image zu kennen, und das könnte falsch sein. Meiner Erfahrung nach gibt es keinen Ersatz dafür, auf die Straße zu gehen und die Leute zu fragen, was sie von Ihnen halten.

Sie müssen wissen, was die Leute tatsächlich von Ihnen halten. Sie müssen auch entscheiden, was die Leute von Ihnen halten sollen. Es kann sich auszahlen, in die Marktforschung zu investieren.

PA fragte einmal seine Kunden und potentiellen Kunden, was sie bei der Wahl des Beraters am meisten beeinflußte. Es kam eine Reihe von Antworten – der Beste zu sein, Fachwissen zu besitzen, das Geld wert zu sein etc. – und so konnten wir unsere Botschaften dementsprechend formulieren. So war es den Kunden z. B. wichtig, den richtigen Berater zu bekommen anstatt einer Menge Serviceleistungen; wir wußten, daß unsere Bandbreite nur geschätzt werden würde, wenn wir für jedes Gebiet den richtigen Berater anbieten konnten.

Gleichzeitig fragten wir die Kunden auch, wie sie uns sahen. Einige der Antworten hatten wir nicht erwartet oder gar erwünscht! So sahen einige der Beantworter keine Verbindung zwischen verschiedenen Bereichen von PA. Wir sind das größte europäische Beratungsunternehmen, aber die Leute sahen uns als eine Reihe von Nischenfirmen. Diese Diskrepanz zeigte uns zumindest, wo Kommunikation nötig war.

Bei PR geht es hauptsächlich darum, die Kluft zwischen dem zu schließen, was die Leute jetzt von Ihnen denken, und dem, was sie in Zukunft von Ihnen denken sollen. Denken Sie strategisch, wenn Sie Ihr Zielimage festlegen. Die Botschaft, die Sie aussenden, kann sehr fein intoniert sein und sollte es auch sein. Sie kann Ihnen das Image von progressiv, traditionell, bodenständig, High-Tech, Mitläufer, Gegen-den-Strom-Schwimmer etc. geben. Wollen Sie z. B. mit Ihrer Muttergesellschaft oder Ihren Filialen assoziiert oder dissoziiert werden? Sehen Sie einmal, wie alle P & O-(Pacific & Ocean-)Firmen mit dem gleichen Logo operieren, während Rupert Murdochs Zeitungen alles tun, um Ähnlichkeiten zu vermeiden.

Die Strategie gibt den Ton an, und Sie als CEO müssen deshalb bei der Definition des Zielimages dabei sein. Wenn es Ihre Entscheidung erleichtert, können Sie sich Gurus aus der PR-Welt holen, letztendlich liegt es aber an Ihnen.

Wenn Sie einmal wissen, was die Leute von Ihnen halten und wie Ihr Unternehmen wahrgenommen werden soll, gibt es noch einen dritten Aspekt zu berücksichtigen, der oft übersehen wird – die derzeitige Situation. Nennen Sie Ihr Unternehmen nicht High-Tech, wenn Sie sehr gut wissen, daß dies nicht zutrifft, und auch nie zutreffen wird. Damit verlieren Sie schneller an Glaubwürdigkeit, als Sie ahnen. Das gilt auch für alle anderen Attribute, mögen sie noch so wünschenswert sein.

Meiner Meinung nach hat British Rail hier mit dem kurzlebigen Slogan »we're getting there« (Anm. d. Übers.: impliziert sowohl zum Ziel zu kommen als auch dabei zu sein, ein Problem zu lösen – »wir sind am besten Weg«) einen falschen Weg eingeschlagen. Er stand im Widerspruch zur allgemeinen Meinung über BR. Als strategisches Ziel war der Slogan zu entschuldigend, um Vertrauen zu erwecken, er entsprach auch nicht der Realität, da die meisten Leute keine Verbesserungen merkten.

Mit all diesen Vorgaben können Sie nun Prioritäten setzen. Wenn Sie Ihren PR-Leuten ein uneingeschränktes Budget zur Verfügung stellen, werden sie trotzdem 10% mehr verlangen, wenn die Wahl jedoch zwischen Kinderfest und Ballonlogo steht, können Sie wenigstens einige Fragen stellen. Wird das richtige Publikum angesprochen? Wird damit die Kluft geschlossen zwischen Ihrem gewünschten und Ihrem gegenwärtigen Image? Entspricht es Ihrem tatsächlichen Unternehmenstypus? Wenn nichts zutrifft, machen Sie lieber etwas anderes.

Es gibt keine Regeln zur Höhe der Ausgaben. Sie hängt von Ihrem Unternehmenstypus ab und dem Umfang der Aufgabe. Wenn Sie in einer Krise sind, wird es sicher mehr kosten. Jedes Unternehmen ist irgendwann in einer Krise, dann kann gut gemachte PR-Arbeit ein wirksames Mittel sein.

Perrier hat ein Vermögen dafür ausgegeben, nach dem Benzinschreck alle Flaschen einzuziehen. Das Unternehmen hatte keine andere Wahl, sein Erfolg hing vom Konzept des »reinen Produktes« ab, und wenn die Reinheit in Frage gestellt wird, müssen entsprechende Aktionen für alle sichtbar gesetzt werden. Die Zeit wird zeigen, ob diese in den Medien viel beachtete Aktion dem Unternehmen mehr gebracht hat, als es durch den Schreck ursprünglich verloren hatte. Manchmal ist dies sehr wohl der Fall – denken Sie an den Tylenol-Fall aus Kapitel 8. Wie auch immer es ausgeht, Perriers schnelle und öffentliche Aktion ist zweifellos bessere PR als Exxons langes Schweigen nach dem Öltankerunfall vor Alaska.

Ich befürworte hier nicht Krisen-PR. PR ist eine eigene Branche mit guten Fachleuten, die Ihnen helfen können. Ich möchte nur sagen, holen Sie sich im Falle einer Krise die bestmögliche Hilfe. Ein Krisen-PR-Experte kann Sie davon abhalten, Ihrem ersten Panikimpuls nachzugeben, und Ihnen kühlen, rationalen Rat erteilen. Noch besser ist natürlich, sich schon vor der Krise diesen Rat zu holen: Erstellen Sie eine »Was-ist-wenn . . .?«-Liste, und überlegen Sie Ihre Antworten im vorhinein.

Auf jeden Fall müssen Sie den Fortschritt im Auge behalten. Haben Sie einmal Basisforschung betrieben, wäre es von Zeit zu Zeit angebracht, auch Zwischenresultate anzusehen. Immerhin können Sie daraus erfahren, ob Sie auf gutem Kurs sind, und entsprechend die Ausgaben einteilen.

Bei PR gibt es keine Abschneider. Es ist verlockend, das Ei des Kolumbus, den zündenden Slogan finden zu wollen, der Ihr Unternehmen plötzlich in ein gutes Licht stellen wird. Aber den gibt es nicht. Sie können Ihr Image nur Punkt um Punkt aufwerten, und ich schätze, es dauert drei Jahre, bis Sie einen spürbaren Unterschied verzeichnen können. Dabei helfen strukturierte und gut durchdachte Programme, die keineswegs die Kreativität abzuwürgen brauchen.

Abschließend noch zwei Fragen.

Erstens: Wieviel sollten Sie selbst dazu tun, um Sie berühmt zu machen? Hier ist es wichtig, Strategie und Durchführung zu unterscheiden. Der strategischen Verantwortung können Sie nicht entkommen, und bis zu einem gewissen Grad auch der Durchführung nicht, wenn die Medien Sie interviewen wollen. Arbeiten Sie an Ihrer Präsentierfähigkeit, holen Sie sich Coaching und einen guten Artikelschreiber. Setzen Sie sich in Szene, wenn Sie es gut können, und lassen Sie es bleiben, wenn Sie es nicht können (ich kenne mindestens einen Industriezampano, den seine PR-Leute mit allen Mitteln den Medien fernhalten). Wenn es nicht Ihre Stärke ist, suchen Sie Kollegen, die gut präsentieren können, und lassen Sie ihnen den Vortritt.

Zweitens: Brauchen Sie eine externe PR-Agentur? Mein Rat wäre, suchen Sie sich technische Hilfe und einige strategische Gedanken von außen, besonders in einer Krise. Das meiste andere kann intern erledigt werden, mit dem Vorteil, daß Sie

Ihre eigenen Mitarbeiter in ihrer Arbeitszeit dafür einsetzen und nicht nach Stunden verrechnen müssen. Sie als CEO müssen in jedem Fall die PR-Arbeit Ihres Unternehmens veranlassen und die zentrale Botschaft dafür liefern. Ihr ausführendes Team kann dann Ihr Signal noch verstärken. Wenn es jedoch kein Signal gibt, sitzt der Verstärker nur und summt vor sich hin. Sehen Sie also zu, daß es ein Signal gibt.

20

Investor Relations: Kommunikation bringt Zuneigung

Dieses Kapitel muß ich mit einer Einschränkung beginnen: Ich habe keine persönliche Erfahrung mit der Führung einer großen AG. Bei Drucklegung dieses Buches notiert PA Consulting Group nicht an der Börse; dies ist zwar geplant, ein fixes Datum dafür gibt es jedoch noch nicht, und so genieße ich noch die relativ geschützte Position eines CEO in einer GmbH.

Die Anforderungen, die Investoren und Aktionäre an den CEO einer großen Aktiengesellschaft stellen, sind eine beachtliche Herausforderung für ihn und beanspruchen einen Gutteil seiner Zeit.

Dazu gibt es ein paar nützliche Dinge zu sagen, und meine Kompetenz dafür geht auf die Erfahrung zurück, die PA bei der Beratung derartiger Unternehmen erworben hat. Außerdem kann ich auf unsere eigene Untersuchung, die ich eingangs schon erwähnt habe, zurückgreifen, in der wir eine Auswahl von CEOs um ihre Meinung zu Investor Relations baten. Zu diesem Thema hatten sie einiges zu sagen und waren praktisch einer Meinung. Fangen wir also mit deren Meinungen an, und sehen wir dann, ob Ergänzungen nötig sind.

Die befragten CEOs stimmten überein, daß der enorme Anstieg von privaten Aktionären in England begrüßenswert sei und von der Regierung in den 80er Jahren positiv unterstützt worden war. Für eine durchschnittliche AG hat dies jedoch kaum Veränderungen mit sich gebracht. Viele der Börsenneulinge haben nur wenige Aktien in einer oder zwei Firmen; der Anteil von notierten Aktien, die von Finanzinstituten gehalten werden, ist allgemein gestiegen und hält derzeit bei 80%.

Damit müssen sich die befragten CEOs in ihrer Arbeit ausführlich befassen. Einer drückte es so aus: »Wenn es darauf ankommt, sind die institutionellen Investoren die eigentlichen Firmenbesitzer.«

Der allgemeine Tenor lautete: »Ich verbringe einen Gutteil meiner Zeit mit Kommunikation, ich treffe die Investoren, rede mit ihnen und stelle sicher, daß sie gut über uns informiert sind – wer wir sind, und was wir tun. Wenn sie uns dann ›begriffen‹ haben, reagieren sie auch dementsprechend.«

Alle meinten, daß es nicht mehr genügte, diese Art von Kommunikation sporadisch und informell zu betreiben, sie mußte Teil eines geplanten und kontinuierlichen Programms sein. »Genauso wie man den Kunden gezielter entgegentreten muß, muß man es auch bei den Investoren tun«, fügte ein CEO hinzu.

Beachten Sie die positive Aufnahme dieser Bemerkungen, das Fehlen jeglicher Klagen. Keiner der befragten CEOs hatte das Gefühl, daß regelmäßige Informationstreffen mit Investoren Zeitvergeudung waren. »Man kann von einem Aktionär keine Unterstützung verlangen, wenn man nicht mit ihm redet«, meinte einer. Ein anderer warf ein, daß dies noch nicht ausreichte; er meinte, daß CEOs in England weit weniger Zeit für Investoren aufbrachten als ihre Kollegen in den USA: »Da haben wir noch etwas nachzuholen.«

Sind diese Menschen typische CEOs? Ich hoffe doch, denn ich stimme jedem ihrer Sätze zu. Der Aktienmarkt ist ein integrierter Bestandteil jeder freien Marktwirtschaft; zwar kann er Druck ausüben und Einschränkungen auferlegen, andererseits gibt es dadurch auch große Vorteile und Chancen. Sich darüber zu beschweren, nützt nichts. Sie können nur Verständnis dafür aufbringen und es zum Vorteil des Unternehmens nutzen.

Kurzfristig kontra langfristig

Wie sieht es mit der in England und Amerika oft vernommenen Klage aus, daß Finanzmärkte ihre kurzfristigen Pläne über die Industrie stülpen und langfristige Industrieplanung zerstören? Kurzfristigkeit wurde als Erklärung für alle möglichen Wirtschaftsfehler herangezogen. Ich bleibe skeptisch. Diese Simplifizierung kann irreführend sein, auch wenn darin ein Körnchen Wahrheit enthalten sein mag. Sie soll häufiger ein Scheitern entschuldigen als eine gute Erklärung liefern.

Natürlich kann der Finanzmarkt Kurzfristigkeiten nicht ignorieren. Aktien werden jeden Tag, jede Stunde, jede Minute gehandelt. Man muß jedoch anmerken, daß diese Aktivitäten hauptsächlich von jenen gesteuert werden, die durch Kaufmanöver die Nachfrage nach Aktien künstlich erzeugen. Die Institutionen selbst üben viel größere Zurückhaltung. Ihr Portefeuille ist nicht von dramatischen täglichen Änderungen gekennzeichnet, sondern von kleinen Anpassungen, wie man es von einem umsichtigen Management erwarten würde. Und das ist auch gut so. Die größte Loyalität der Institution besteht den Kunden gegenüber, deren Geld sie verwaltet. Wenn Sie dort eine Summe deponiert hätten, wären Sie wohl auch nicht begeistert, wenn das Institut das Geld für einen schnellen Gewinn riskiert oder für eine Firma ausgibt, mit der es Mitleid hat.

Tatsache ist, daß auch die City laufend Kurzfristigkeit gegen Langfristigkeit abwägt. Die Analytiker sind nicht auf den Kopf gefallen. Sie haben ein gutes Gedächtnis und dicke Akten. Sie erinnern sich, was Sie vor drei Jahren auf der Generalversammlung gesagt haben, und wundern sich, daß noch nichts in der Richtung unternommen wurde. Sie merken es auch, wenn Sie Ihren Plänen tatsächlich Aktionen folgen lassen und wenn Sie ihnen erzählen, was Sie als Nächstes unternehmen möchten. Bei Urteilen zur Längerfristigkeit sind die Analytiker um Integrität und Beständigkeit, um eine kohärente Strategie und einen guten Geschäftsgang bemüht. Manchmal wissen sie vielleicht mehr als Sie selbst, sie haben einen größeren, oft international geprägten Horizont und vergleichen Sie ständig mit den Mitbewerbern in Ihrem Markt.

Sollen diese Leute eine Last für die industrielle Entwicklung des Landes sein? Mir kommt das unfair vor, und auch die von uns interviewten CEOs wiesen diese Behauptung zurück. Nur einige wenige erwähnten einen Konflikt zwischen der Kurz- und Langfristigkeit, wobei sie auch einräumten, daß die Institute eine fordernde Meute seien. »Der Markt verzeiht nichts. Es soll sofort etwas herausschauen«, meinte einer.

Die vorherrschende Meinung war jedoch klar: Es lag an der Industrie, sich zu präsentieren, und nicht an den Banken, ihre Vorgangsweisen zu ändern. »Wenn Ihr Geschäft verstanden wird und jeder weiß, was Sie langfristig planen, werden Ihnen die Institute geduldiger und wohlwollender entgegenkommen, als Sie es je für möglich gehalten hätten«, meinte einer der Interviewpartner.

Ein anderer drückte sich noch drastischer aus: »Wenn Aktionäre ordentlich informiert werden, ist ein Konflikt zwischen kurzfristigen und langfristigen Perspektiven gar nicht nötig.«

»Jedenfalls hat der Markt ein Recht darauf, bereits heute Gewinn zu fordern«, meinten einige andere. Trotzdem müssen auch in einem gut geführten Betrieb gute Ergebnisse erst erarbeitet werden. »Es gibt keinen nennenswerten Widerspruch zwischen kurzfristigen Gewinnen und langfristiger Planung«, verlautete ein Befürworter dieser Ansicht. »Ich glaube fest daran, daß ein Unternehmen eine Strategie haben muß, Sie müssen jedoch jahrein, jahraus wissen, daß Sie Ihre Ziele erreichen. Sonst machen Sie bankrott.«

Die Rolle des CEO

Verlassen wir unsere Untersuchung für einen Moment und wenden wir uns der informativsten Studie auf diesem Gebiet zu, jener, die 1986 vom Londoner »Evening Standard« von Dewe Rogerson durchgeführt wurde. Diese Studie sollte Licht in die Effizienz der Firmenkommunikation bringen und umfaßte Interviews mit Industriemanagern, Börsenmaklern, Vermögensverwaltern, Direktoren von Handelsbanken, Finanzjournalisten, Parlamentariern und öffentlichen Aktionären. Die Testgruppe war repräsentativ – insgesamt wurden 600 Leute interviewt – , bis heute sind die Resultate noch nie angezweifelt worden. Eine der Fragen lautete: »Nach welchen Kriterien beurteilen Sie ein Unternehmen?«

Von 11 Kriterien, die in den Antworten vorkamen, war Qualität des Managements für 64% der Testgruppe das wichtigste Kriterium. Noch interessanter ist die Tatsache, wie wichtig dies auch der City war. Von den Börsianern, Handelsbankern und Vermögensverwaltern reihten über 90% bei Firmenbeurteilungen Qualität des Managements an die erste Stelle.

Die 30 CEOs unserer Untersuchung stimmten mit dieser Aussage überein. Nach besonderen Qualitäten befragt, wurden vier genannt. An erster Stelle Vertrauen, an zweiter das Erfassen von Ereignissen, an dritter die persönliche Beteiligung des CEO an strategischem Denken und schließlich sein Engagement bei der daraus resultierenden Strategie. Mit anderen Worten, man darf nicht das Gefühl haben, daß der CEO eine Schlacht im Vorstandszimmer verloren hat oder beim ersten Augenzwinkern eines Headhunters zu einem anderen Unternehmen abwandert.

Das heißt, daß Sie als CEO sich um die Beziehung zu Investoren und Aktionären kümmern müssen. Das können nur Sie erledigen, an Ihnen wird das Unternehmen gemessen, ob es Ihnen recht ist oder nicht.

Diese Verantwortung kann oft mit dem Vorstandsvorsitzenden und dem Finanzdirektor – so es einen gibt – geteilt werden. Die Ausgewogenheit zwischen den Rollen und Persönlichkeiten wird von Unternehmen zu Unternehmen unterschiedlich sein – was jedoch nichts an der Tatsache ändert, daß Sie die Schlüsselfigur sind.

Aktionäre, Investoren, Banker, Börsianer, Journalisten – sie alle erwarten vom CEO, daß er das Unternehmen führt. Sie werden sich mit niemandem anderen zufriedengeben.

Mittel und Wege

Bei den Investor Relations dürfen Sie den Kopf nicht in den Sand stecken. Sie müssen sich und damit auch Ihr Unternehmen präsentieren. Gute Kommunikation ist unabdingbar und kann auf verschiedene Arten geführt werden. Dabei sollten Sie die Art wählen, die Ihnen am meisten liegt.

Regelmäßige informelle Treffen mit Ihren Hauptaktionären sind Pflicht. Andere Investoren sollten von Zeit zu Zeit kontaktiert werden, und den führenden Analytikern sollten Sie auf Anfrage zur Verfügung stehen.

Wie Sie die jeweiligen Treffen dann gestalten, hängt von Ihrem persönlichen Stil ab. Auftritte im Rampenlicht sind nicht jedermanns Sache, wie sie es z. B. bei Alan Sugar oder Robert Maxwell waren. Viele erfolgreiche Unternehmen haben ein auf Gemeinsamkeit ausgerichtetes Management und bringen es auch bewußt so vor.

Dewe Rogersons Studie entdeckte eine Verbindung zwischen Bekanntheit und Beliebtheit. Je besser ein Unternehmen bekannt ist, desto besser wird es beurteilt werden. Diese Tatsache läßt sich nicht leugnen, sie erstaunt auch nicht. Weniger Glauben kann man der These schenken, daß ein publicitysüchtiger CEO einen positiven Einfluß auf die Aktienpreise des Unternehmens hätte. Als Beweis dafür wird gerne die Karriere von John Harvey-Jones von ICI angeführt, was aber noch lange nicht die Theorie bestätigt.

Unser eigener Investorenberater schätzt dies jedenfalls nicht sehr hoch. Solange die Dinge gut gehen, stört auch eine gewisse Arroganz nicht, meint er. In schlechten Zeiten hilft sie wenig; sie hilft höchstens, Ihre Aktienpreise ins Wanken zu bringen.

Ein weiterer interessanter Kommentar von ihm geht darauf hinaus, daß auch in einer Investor-Relations-Kampagne die Ziele definiert werden müssen. Wollen Sie Ihr Aktienkapital hoch bewertet haben oder nicht? Wollen Sie als dynamische, schnell wachsende Firma gesehen werden oder als eine mit felsenfester Stabilität? Im Marketingjargon wird dies als Positionieren bezeichnet.

Welche Positionierung Sie auch wählen, sie kann sich nicht wie ein Schilfhalm im Winde bewegen. Ihre Beziehung zu den Investoren und Aktionären sollte Teil einer konsequenten Strategie der internen Kommunikation sein. Sie werden nur Glaubwürdigkeit erlangen, wenn Sie die gleiche Botschaft immer wieder bringen, in guten und in schlechten Zeiten.

Die Versuchung, die Kommunikation in Erfolgszeiten zu vernachlässigen, ist groß, aber die Strafe kann hart sein. Dann nützt es nichts, um Unterstützung zu flehen, wenn etwas falsch läuft und Sie mit einem feindlichen Angebot (hostile bid) konfrontiert werden. Dann ist es zu spät. Ihre Unterstützung sollte auf einem klaren Verständnis Ihrer Firmenstrategie beruhen, die schon durch jahrelanges geduldiges Präsentieren verankert worden ist.

Was die Zeitungen schreiben

Ihre Präsenz in der Presse wird eine erhebliche Wirkung auf Ihre Stellung in der Finanzwelt haben. Die Leute mögen ein genaues Bild von Ihrem Unternehmen haben, können jedoch nicht sagen, woher. Mit aller Wahrscheinlichkeit haben sie es aus der Zeitung.

Daher können Sie es sich nicht erlauben, jedesmal »kein Kommentar« zu pfauchen, wenn Sie einen Stenoblock oder ein Mikrophon erblicken. Sie brauchen keine Dinge erfinden, wenn es jedoch etwas zu erklären gibt, dann sollten Sie es tun. Wenn Sie Journalisten die Auskunft verweigern, dann erfinden sie etwas, und das sind oft nicht die besten Geschichten. Wenn Leute in Unwissenheit gelassen werden, nehmen sie zuerst das Schlechteste an, und in einer Arena wie der Börse, die von den täglichen Gerüchten lebt, kann sich ein längeres Stillschweigen fatal auswirken. Wenn Sie nichts dagegen unternehmen, werden Sie die Aktienpreise langsam, aber stetig in den Keller fallen sehen. Im PR-Geschäft spricht man dann vom »no-news blues«.

Also sollten Sie versuchen, etwas zu sagen, möglichst kurz, freundlich und einfach. Immer einfach; das ist eine goldene Regel. Machen Sie nichts kompliziert oder nebulos. Überlegen Sie, was Sie sagen wollen, und sagen Sie es geradeheraus. Was Sie sagen, sollte vernünftig sein und – wenn möglich – interessant. Wenn Sie zitiert werden wollen, müssen Sie schon etwas Einprägsameres von sich geben. Versetzen Sie sich in die Lage des Journalisten, denken Sie an seine Leser. Versuchen Sie, langweilige Statements zu vermeiden, die niemand mitschreiben, geschweige denn lesen will.

Es gibt jedoch Situationen, in denen Schweigen angebracht ist, entweder vom Staats- oder vom Börsengesetz her. Und es gibt einige Fragen, die man tatsächlich mit »kein Kommentar« beantworten muß. Bei »ja« oder »nein« zu Fragen über Verkäufe und Übernahmen wird eine Weigerung, »ja« zu sagen, automatisch als »nein« interpretiert werden und umgekehrt. »Ich gebe nie Kommentare zu Übernahmen ab«, ist die einzig richtige Antwort.

Das ist die Technik von Lord Hanson, und es heißt, daß er sich nur eine Abweichung davon erlaubt. Dazu befragt, ob ein Unternehmen zum Verkauf ausgeschrieben ist, antwortet er manchmal: »Es ist immer alles zum Verkauf ausgeschrieben – wieviel wollen Sie zahlen?«

Menschliche Ressourcen

21

Das Betriebsklima

Jeder Betrieb hat sein eigenes Klima. Es gibt zufriedene Unternehmen, und es gibt unzufriedene Unternehmen. Der Unterschied ist sofort spürbar.

Auch das gehört zu den Aufgaben eines CEO.

Ein Betriebsklima ist vorhanden und kann nur von oben verändert werden. Ist es schlecht, haben auch Sie einen Anteil daran, und dann sind rasche Korrekturen angesagt. Ist es gut, um so besser. Dann achten Sie darauf, daß es so bleibt. Betriebe sind in dieser Hinsicht wie ein Garten. Wird er vernachlässigt, auch nur für einen oder zwei Tage, wächst sofort Unkraut. Wollen Sie reihenweise glückliche Pflanzen sehen, müssen Sie sie auch gut pflegen.

»Alle glücklichen Familien ähneln einander«, schreibt Tolstoj, »aber jede unglückliche Familie ist auf ihre Weise unglücklich.« Das gilt auch für Betriebe. Unglückliche Betriebe können unter zuviel oder zuwenig Führung leiden, zuviel oder zuwenig Kommunikation, zuviel oder zuwenig Struktur. Jeder Faktor kann ein Alptraum für sich sein.

Zufriedene Betriebe ähneln einander auf zwei Arten: sie haben eine gute interne Kommunikation und eine klare Führung von oben. Diese beiden Aspekte sind immer präsent, wenn auch die Form unterschiedlich sein kann. Sie sind jedenfalls unentbehrlich. Nimmt man einen Faktor weg, beginnen auch schon die Probleme.

Mangelnde interne Kommunikation ist der Nährboden für Gerüchte und Klatsch, und damit ist der erste Schritt für ein schlechtes Betriebsklima getan. Die Leute brauchen etwas zum Reden, und wenn sie nicht wissen, was passiert, wird Klatsch daraus.

Zwar ist Klatsch ein Teil des Betriebslebens, den man nie ganz abstellen wird können – genausogut könnten Sie das Lachen in der Arbeitszeit verbieten, wie es Henry Ford einmal versucht hat –, aber ganz ignorieren können Sie den Klatsch auch nicht. Er kann ausufern und entwickelt sich zu einem Problem, wenn er bösartig oder zu störenden Gerüchten wird. Beim Ausscheiden einer Person aus dem Betrieb oder bei organisatorischen Veränderungen kann mangelnde Information eine Reihe von Problemen auslösen. Wenn es keine bestätigten Fakten gibt, neigen die Leute dazu, das Schlechtere anzunehmen, und dann können sich Alarmbereitschaft und Entmutigung verbreiten wie ein Buschfeuer, ausgelöst durch eine unbedachte Bemerkung am Gang.

Die einzige Lösung ist hier ein gutes Kommunikationssystem, wo der Betrieb selbst und nicht Einzelpersonen die Information verbreiten. Auf diese Weise gibt es zumindest eine Reihe von Fakten, gegen die Gerüchte erst standhalten müssen.

Seit ich selbst damit befaßt bin, habe ich entdeckt, daß zuviel interne Kommunikation fast unmöglich ist. Sie können den Leuten zehnmal über die strategische Richtung des Unternehmens erzählen, es wird immer jemanden geben, der behaupten wird, er hätte es nicht erfahren. Macht nichts, erzählen Sie es elfmal. Die Tatsache, daß einige Leute einfach nie die Information erhalten, ist keine Entschuldigung für eine mangelhafte interne Kommunikation.

Vickers ist in dieser Beziehung ein vorbildhaftes Unternehmen. Sein CEO, David Plastow, ist ein engagierter Verfechter der guten Kommunikation. Je mehr Information Sie zur Verfügung stellen, desto weniger Anlaß gibt es zu tratschen, meint er. Daher gibt es mindestens einmal im Monat Informationssitzungen in der ganzen Organisation. Strategien, die im Vorstandszimmer entwickelt worden sind, werden nicht nur der mittleren Ebene mitgeteilt, sondern allen Beschäftigten, die diesen Treffen innerhalb der Arbeitszeit beiwohnen können und bei denen sie ermutigt werden, Fragen zu stellen. Natürlich hat dies eine motivierende Wirkung. Kommunikation hat auch eine nivellierende Wirkung, und die ist genauso wichtig. Wenn alle wissen, was läuft, ist es nicht mehr so leicht, zum Nachbarn zu sagen: »Ich weiß etwas, was du nicht weißt.« Die Statusgeier werden so in die Schranken gewiesen.

Mit anderen Worten, eine gute interne Kommunikation ist mehr als reine Informationsverbreitung. Es bedeutet, eine Atmosphäre zu schaffen, in der die Leute jeder Ebene das Gefühl haben, ihre Meinung frei äußern zu können, ohne Ordnungsrufe fürchten zu müssen.

Kritik wird immer vorkommen, besonders in Organisationen, die von intelligenten und kreativen Leuten besetzt sind. Der Trick ist dann, zu sehen, daß Kritik erstens gut fundiert und zweitens immer konstruktiv ist. Vorschläge zum Besten des Unternehmens sollten immer willkommen sein, egal von wem und wie direkt sie geäußert werden.

Ein offener Führungsstil wird heute schon häufiger praktiziert. Die Pilzzüchtertheorie im Management (im Dunkeln halten und mit Mist füttern) hat an Popularität verloren, Gott sei Dank! Wenn Sie einen zufriedenen Betrieb haben wollen, lassen Sie Licht herein. Und wenn Sie gute Ideen hören wollen – die kommen aus allen Ecken – geben Sie den Leuten die Fakten und lassen Sie sie zu Wort kommen. Sonst hören Sie nur die Jasager und die Taktierer, die es sehr gut verstehen, in Ihrer Nähe zu sein und das zu sagen, was Sie hören wollen.

Büropolitik! Das ist ein Zeichen, daß etwas wirklich nicht stimmt. Sie ist ärger als Klatsch, ärger als Gerüchte, ein Unkraut, das man sobald wie möglich mit der Wurzel ausrotten muß. Besonders auf Vorstandsebene oder knapp darunter ist Büropolitik eine gefährliche und destruktive Sache, darüber gibt es nichts Positives zu sagen.

Wie hält man dieses Unkraut also in Grenzen?

Gute interne Kommunikation wird sofort die Gefahr eindämmen, denn hierarchische Geheimniskrämerei ist der beste Nährboden für Büropolitiker. In einer offenen Atmosphäre haben sie es schon schwerer. Ihre Tricks sind durchschaubarer. Eigeninteresse wird bald offensichtlich in einem Raum mit Leuten, die es gewohnt sind, über Firmenbelange frei von der Leber weg zu reden. Jeder kann den Unterschied zwischen einer ehrlichen Konfrontation und einem Stich in den Rücken wahrnehmen. Eine andere wichtige Gegenmaßnahme ist die Ehrlichkeit Ihrer Gefühle. Das ganze Unternehmen sollte wissen, daß der CEO keine Falschheiten hören will, aber hellhörig für Meinungen ist, die dem Eigeninteresse dienen. Er hegt eine derartige Abneigung gegen Büropolitiker, daß er sich dafür einsetzt, sie nicht zu erfolgreich werden zu lassen.

Diesen Ruf sollten Sie haben, ihr eigenes Beispiel ist natürlich noch wichtiger. Wenn Sie selbst Büropolitik betreiben oder sie zu Ihrem Zwecke ausnutzen, können Sie von den anderen auch nichts anderes erwarten. Ihre Methoden werden nachexerziert, erst im Vorstand, dann im ganzen Betrieb.

Einige Leute, wie z. B. Minister, haben solche »Lecks« ganz gerne, sie sind jedoch nicht ungefährlich und können auf den Verursacher zurückfallen. Nehmen Sie lieber Abstand von dieser Taktik. In einem Betrieb, der kompetent geführt wird, sind solche Vorwände nicht notwendig.

Erinnern Sie sich, daß Führungkompetenz die zweitwichtigste Fähigkeit für einen zufriedenen Betrieb ist. Es nützt nichts, ein gutes Kommunikationssystem zu haben, wenn es nichts zu kommunizieren gibt. Es bedarf einer klaren Führung von oben; ohne sie entsteht eine Atmosphäre der Unsicherheit, ein Vakuum, das nur mit Bosheiten gefüllt wird. Büropolitik lebt von Unsicherheit. Wenn die Leute das Gefühl haben, daß nichts entschieden wird, entbrennt ein Kampf um Position und Beliebtheit, und hinter den Kulissen entstehen allerlei Allianzen.

Unternehmen sind besonders dann für solche Ausbrüche anfällig, wenn eine Veränderung ansteht oder dringend notwendig wäre. Deshalb sollten solche Pläne möglichst schnell durchgeführt werden. Stürzen Sie sich in die Dornen, treiben Sie die Veränderung voran und verkünden Sie sie, so daß alle wieder wissen, woran sie sind. Hat das Unternehmen einmal eine klare strategische Richtung, können die Leute sie entweder gutheißen oder gehen. Dann haben die Verschwörer ihr Spiel ausgespielt.

Einige Leute, möchte ich hinzufügen, sind allerdings Politiker im positiveren Sinn. Sie erreichen ihre Ergebnisse indirekt – durch Einfluß und Diskussion anstatt bulliger Zielgerichtetheit. Das kann eine wertvolle Eigenschaft sein, besonders in Betrieben mit schwacher Führung; es wäre unfair, diese Leute als Intriganten zu bezeichnen. Unter der Voraussetzung, daß ihr Motiv auch im Interesse des Betriebes steht und nicht in ihrem eigenen, und unter der Voraussetzung, daß ihre Methoden keinen Groll hervorrufen, sollte ihnen ihre Art gelassen werden.

Gute Führung kann unterschiedlich aussehen, und auch Sie werden Ihren eigenen Stil haben. Hier gibt es wenig Regeln. Nehmen Sie eine so alte wie MBWA her. MBWA – Management By Walking About (Management durch Herumgehen) – zeichnet laut Lord Sieff einen guten CEO aus, und das ist mehr wert als ein MBA – Master of Business Administration.

Der CEO sollte aus seinem Büro hinausgehen, persönlich nach dem Rechten sehen und mit Leuten reden, die ihm nicht direkt unterstehen.

Wie viele solcher Tips ist auch dieser ein wenig simpel. Ich bin wohl ein Anhänger des direkten Kontaktes, wenn ich etwas diskutieren will, aber reines Umhergehen hat seine Tükken. Besonders in einem hierarchischen Unternehmen kann es von anderen Managern als Spionieren ausgelegt werden. Wenn Sie also einen Besuch in einer anderen Abteilung vorhaben, lassen Sie es den betreffenden Abteilungsleiter wissen und nehmen Sie ihn gegebenenfalls mit.

Trotzdem müssen Sie immer ein Ohr an der Wand haben, denn Unternehmen haben neben den offiziellen auch ihre informellen Kommunikationsnetzwerke (und werden sie immer haben). Irgendwo in Ihrer Organisation gibt es so etwas wie einen Dorfplatz: den sollten Sie möglichst finden und von Zeit zu Zeit dort auftauchen.

Als ich bei Whitbread anfing, hieß es, daß der Portier mehr wußte als sonst irgend jemand in der Firma. Ein anderes Mal sollte ich zu Rolls-Royce und wurde am Bahnhof von einem Chauffeur abgeholt, der einigermaßen überrascht war über meinen Besuch: »Ich hätte nicht gedacht, daß Sie heute kommen«, meinte er. »Die Geschäftsleitung bereitet gerade eine Ankündigung über Entlassungen vor.« Tatsächlich, als ich die Zentrale erreichte, herrschte eine gespannte Atmosphäre. »Wir werden 300 Entlassungen ankündigen«, hieß es, »aber das ist noch streng geheim ...« – das ist eine gute Geschichte zum Abschluß. Nehmen wir an, der Fahrgast wäre ein Angestellter gewesen, nicht ein Berater. In einem unzufriedenen Betrieb wäre er verärgert oder erschrocken gewesen, daß der Fahrer soviel wußte. In einem zufriedenen Betrieb hätte er lediglich gelacht.

22

Wie ändert man die Unternehmenskultur?

In Ihrer Funktion als CEO werden Sie sicher eine Reihe von Änderungen in Ihrer Organisation vornehmen. Und genau dabei soll Ihnen dieses Buch helfen.

Der tatsächliche Test für den CEO kommt wahrscheinlich dann, wenn die Kultur selbst verändert werden muß.

Unternehmenskultur hinkt immer hinter Veränderungen nach, außer das Unternehmen ist außergewöhnlich dynamisch. Die Geschichte, die Umgebung des Unternehmens, ehemalige und jetzige Führungskräfte, die Art von Leuten, die es angezogen hat, die Größe der Organisation, die Technologie, nicht zu vergessen die über Jahre hinaus praktizierten Rituale prägen die Persönlichkeit eines Unternehmens; sie kann einerseits eine sehr nützliche Ressource sein, kann aber auch die von Ihnen gewünschte Richtung bremsen.

Das Thema Unternehmenskultur kommt meist dann auf, wenn ein Zittern durch das Unternehmen geht.

Nehmen Sie z. B. eine Fusion oder eine Übernahme. Ist die Verbindung freundlich, haben die beiden Unternehmen einander vielleicht bereits kennengelernt und auch die Kultur des anderen schon integriert. Trotzdem kann die Anpassung – wie in jeder Ehe – schmerzvoll sein. Das deutsch-holländische

Luftfahrzeugkonsortium Fokker-VFW ging z. B. in Brüche, weil die Unternehmenskultur nicht übertragbar war und nationale Hintergründe gründlich mißverstanden wurden. Bei Problemen forderten die deutschen Manager strenge Richtlinien, während die Holländer lieber nach und nach Lösungen erarbeiteten.

Bei feindlichen Übernahmen ist der Schock wahrscheinlich noch größer. Die Beschäftigten des übernommenen Betriebes werden natürlich ihr Verhalten nicht zugunsten des neuen Besitzers ändern wollen. Letzterer wird entweder einen Weg finden müssen, um diesen Widerstand aufzulösen, oder seine eigene Unternehmenskultur an den übernommenen Betrieb anpassen. So oder so wird sich also einer der beiden anpassen müssen.

Andererseits kann der Impetus für einen Kulturwandel rein interner Natur sein. Sie sind gerade in einer Aufbruchphase, und dafür müssen Ihre Mitarbeiter umdenken. Oder Sie haben beschlossen, ein Total-Quality-Unternehmen zu werden, und nun soll sich plötzlich die gesamte Organisation an neuen Werten orientieren.

Die Richtung mag unterschiedlich sein, aber nur Sie als CEO können die Veränderung vornehmen.

Dafür ist die erste Bedingung, Visionen zu haben. Das heißt das Unternehmen so zu sehen, wie Sie es irgendwann in der Zukunft haben möchten. Als nächstes müssen Sie diese Vision den anderen verständlich machen, so daß ihre Werte und Verhaltensweisen davon beeinflußt werden.

Das kann nicht auf improvisierte oder informelle Art geschehen. Sie brauchen dazu eine Strategie, die definiert, wo Sie im Augenblick stehen, wo Sie in Zukunft sein sollen und wie Sie diese Kluft überwinden.

Colin Marshall, ein Manager bei British Airways, änderte seine Unternehmenskultur mit bemerkenswertem Erfolg, dahinter steckte jedoch eine klare Strategie.

»Als ich zu British Airways kam, wollte ich als Unternehmensziel erreichen, die beste Fluglinie der Welt zu sein.« Ausgangspunkt war Staatseigentum, entmutigende Verluste, zu viele Beschäftigte, produktorientiertes Marketing und schlechtes Service.

»Es war klar, daß unser Ziel nicht über Nacht erreicht werden konnte. Zuerst mußte die Einstellung den Kunden gegenüber geändert, dann ein neuer Managementstil eingeführt und letztendlich ein neues Image geschaffen werden.«

Bei British Airways wurde die Vision in einen Satz verpackt: »Kunden kommen zuerst« – und damit lagen sie goldrichtig. Wie heißt es doch in einem englischen Ausspruch – man kann die Leute dazu bringen, sich einen Satz zu merken, jedoch nicht einen ganzen Absatz. Immer wieder habe ich Manager bei der Überlegung ihrer Botschaft erlebt; doch je länger dieser Prozeß dauerte, desto länger wurde auch die Botschaft, bis sie sich las wie das Kleingedruckte eines Versicherungsvertrages. »Hier ist unsere Botschaft. Nun handelt dementsprechend«, lautet es oft stolz von der Managementseite.

»Keine Ahnung, wovon Sie reden«, antwortet die Belegschaft, wenn sie überhaupt antwortet.

Die Moral von der Geschichte: Geben Sie Ihren Leuten einen zündenden Slogan und keine Darstellung.

Ein weiterer Fehler vieler Unternehmen besteht darin, daß sie es bei diesem Slogan belassen. Ihn auf alle Lastwagen zu pinseln und auf Anschlagtafeln zu verkünden, bringt überhaupt nichts, wenn das Führungsteam nicht auch entsprechende Aktionen setzt. Auch hier hat British Airways geschickt agiert. Colin Marshall nahm eine Umstrukturierung des Managements vor, veränderte seine Corporate Identity und startete eine pfiffige Werbekampagne. Dabei bezog er das gesamte Personal mit ein.

Wie er schildert: »›Kunden kommen zuerst‹ ist nicht nur ein Marketingslogan. Es drückt auch eine Einstellung aus, die alle bei British Airways haben müssen.

Wir holten uns Unterstützung von unserer Belegschaft, indem wir sie einluden, an zweitägigen Seminaren teilzunehmen; dabei stellte sich heraus, daß sie nicht nur eine Menge Beiträge als Einzelpersonen leisten konnten, sondern daß sie auch etwas in ihren Beziehungen mit Kunden und Kollegen unternehmen konnten. Bis Sommerende 1985 hatte unsere gesamte Belegschaft ein ›Kunden-kommen-zuerst‹-Seminar besucht.«

Der Impetus muß unaufhörlich von oben kommen. Sie und Ihre Führungskräfte müssen den Pfad erst einmal austreten und nicht nur die Botschaft erklären – das kann jeder kompetente Manager. Sie müssen auch zeigen, daß Sie daran glauben und es durchsetzen wollen. Wie Woody Allen meint: ». . . 90% des Erfolges besteht darin, daß man auftaucht.« Die Wahrscheinlichkeit, daß eine wichtige Persönlichkeit auftaucht und etwas erklärt, ist groß.

Der CEO muß immer in Aktion sein, er muß Wellen auf dem ganzen See schlagen. Hört er auf, hören auch die Wellen auf, und Gleichgültigkeit setzt wieder ein.

Colin Marshall ging so vor, daß er zu jedem neuen Vorschlag fragte: Wie wird er das Kundenservice verbessern? Abteilungsleiter bemerkten – ohne Aktennotizen oder Direktiven – bald, daß kein Vorschlag am Chef vorüberging, ohne dieses Thema zu berühren. Diese wiederum gaben die Botschaft an ihre eigenen Angestellten weiter mit der Auflage: »Was immer Sie tun, achten Sie darauf, daß auch Vorschläge zum Kundenservice dabei sind.«

Weil also der Chef oben immer wieder diese wichtige Frage stellte, kam auch die Botschaft hinüber, daß Kundenservice bei jedermanns Denkweise den ersten Platz einnehmen sollte.

Konsequenz ist unabdingbar. Jede Entscheidung, jeder Kundenkontakt, jede Beförderung, jede Investition muß mit der angestrebten Änderung der Unternehmenskultur vereinbar sein. Die Zweifler – und davon gibt es genug – werden nach den kleinsten Abweichungen suchen, und wenn es nur ein Zeichen in Ihrer Körpersprache ist. Wenn Sie verkünden »Kunden zuerst« und dann stillschweigend eine Entscheidung zum Schaden der Kunden treffen, haben Sie ausgesorgt. Dieser Lapsus verbreitet sich wie ein Buschfeuer. Als CEO müssen Sie die Unternehmenskultur mit Haut und Haar einverleibt haben. Wenn Sie selbst nicht engagiert sind, wird es auch niemand anderer sein, und dann brauchen Sie erst gar nicht anzufangen.

23

Wie baut man ein gutes Team auf?

Wie wählen Sie ein Team, das Sie bei der Führung Ihres Unternehmens unterstützen wird?

Am besten fangen Sie bei sich selbst an. Sobald Sie die Stelle antreten – oder vielleicht schon vorher –, finden Sie einmal heraus, welche Fähigkeiten oder Qualifikationen in dieser Organisation gebraucht werden. Im Beraterjargon würde man sie außergewöhnliche und grundlegende Fähigkeiten (critical and enabling competences) nennen, wobei die grundlegenden Fähigkeiten für die Durchführung der Arbeit an sich notwendig sind; die außergewöhnlichen Fähigkeiten helfen Ihnen, einen aufsehenerregenden Erfolg zu erreichen. Es liegt allein an Ihnen, diese Fähigkeiten zu definieren; sie werden von Unternehmen zu Unternehmen verschieden sein. Wenn Sie diese Frage jedoch nicht beantworten können, würde ich meinen, daß Sie diese Stelle nie antreten hätten dürfen.

Haben Sie die Liste einmal erstellt, testen Sie sich selbst: Welche Fähigkeiten haben Sie und welche nicht? Auch hier wäre ich überrascht, wenn Sie nicht schon eine klare Vorstellung der Antworten hätten. Nur wenige Leute werden CEOs, ohne zu wissen, wo ihre Fähigkeiten liegen.

Das Problem liegt in den Lücken, die Sie mit Ihren Fähigkeiten nicht ausfüllen können. Manchmal wird es außer Ihnen niemanden geben, der sie füllen kann. Wenn Ihr Unternehmen einen repräsentativen Manager braucht, der jede Menge Reden hält und Fernsehauftritte absolviert, dann müssen Sie wohl oder übel diese Rolle übernehmen. Wenn Sie sich darin nicht gut genug fühlen, dann müssen Sie es eben lernen. Richard Branson war meiner Meinung nach bei seinen ersten Auftritten furchtbar anzusehen, und ich hoffe, er verzeiht mir dieses Urteil. Das hat sich inzwischen geändert – er hat erkannt, daß er besser werden mußte, und wurde es auch.

Es gibt aber auch Gebiete, die sehr wohl von Ihren Kollegen erledigt werden können, Sie müssen nur die richtigen Leute dafür engagieren. Vielen CEOs fällt es schwer, sich die eigenen Schwächen einzugestehen; das ist aber unbedingt notwendig, wenn das Team effizient sein soll. Stürzen Sie sich nicht in Dinge – ob es sich um Personalentwicklung oder um die Bilder für die Eingangshalle handelt –, wenn es einer Ihrer Kollegen besser kann und die Aufgabe keinen CEO braucht.

Sie haben also alle Qualifikationen identifiziert, die Sie um sich brauchen – wie finden Sie nun die entsprechenden Leute dafür?

Natürlich brauchen Sie qualifizierte Leute, Sie brauchen jedoch auch Leute, denen Sie vertrauen können. Hier geht es nicht darum, ob sie ehrlich sind, sondern ob sie ihre Aufgaben innerhalb des vorgegebenen Zeitrahmens und ohne Nachfragen erledigen. Sie werden als CEO genug zu tun haben und sich nicht darum kümmern können, ob die Aufgaben erledigt werden.

Es gab einmal einen Artillerieoffizier in der 8. Divison, der mit der Aufgabe betraut wurde, die vorrückenden Truppen El Alameins durch ein Sperrfeuer abzuschrecken. Montgomery erklärte ihm den gewünschten Ablauf der kommenden Schlacht nur ein einziges Mal und erwähnte ihn während der folgenden sechs Wochen nicht mehr. Der Auftrag war gegeben worden und hatte sich nicht verändert; Montgomery ging davon aus, daß er auch ausgeführt werden würde und widmete sich dem nächsten Problem. Vertrauen in Leute spart jede Menge Zeit und Sorgen – vorausgesetzt, Sie haben die richtigen Leute dafür ausgesucht.

Achten Sie ferner darauf, daß sich Ihre Teammitglieder auch als Team verstehen. Die tüchtige Einzelperson, die plötzlich vom Kurs abweicht, kann mehr Kummer als Freude bereiten. Horchen Sie auf Eifersüchteleien oder Uneinigkeiten, die jemand in die Gruppe tragen könnte.

Fixieren Sie Ihr Team trotzdem nicht auf einen vorhersehbaren und festen Kurs. Ein effizientes Team besteht sowohl aus Visionären als auch aus Arbeitstieren – die einen sprengen Grenzen und öffnen neue Sichtweisen, die anderen bremsen Höhenflüge und setzen ein realistisches Gegengewicht.

Sie werden auch Leute auswählen, die Sie kennen. Für mich selbst hat sich eine psychometrische Evaluierung als eine nützliche Kontrolle meines eigenen Wissensstandes erwiesen. Vielleicht haben Sie das Gefühl, dadurch nichts Neues zu erfahren, der Vorteil ist jedoch die absolute Objektivität. Sie kann auf Stärken und Schwächen aufmerksam machen, die man sich vor einer Anstellung näher ansehen sollte.

Eine Schlüsselfrage dazu lautet, ob Sie sich Ihr Team aus internen oder externen Leuten zusammenstellen sollen. Ich persönlich bevorzuge so weit wie möglich interne Talente. Einige wenige extern besetzte Stellen können jedoch durchaus stimulierend wirken; Sie als CEO haben eine besondere Verantwortung für den Teamerfolg. Ohne Ihre Unterstützung laufen die externen Personen Gefahr, von den Unternehmensinternen abgelehnt zu werden. Natürlich werden die externen Leute Fehler machen, deshalb müssen Sie darauf achten, daß sie zu Beginn nicht an zu exponierten Stellen eingesetzt werden.

Teams sind nicht gerade pflegeleicht. Ohne sie können Sie nicht leben, sonst würden Sie die Arbeit selbst erledigen, wenn sie aber einmal existieren, können sie ein starkes Eigenleben entwickeln und in alle Richtungen losziehen, die nicht immer hilfreich sein müssen. Aus diesem Grund obliegt es Ihnen, ein einmal gegründetes Team zu motivieren und auch zu führen.

Es gibt keine bessere Motivation als durch das eigene Beispiel. Das alte Militärprinzip, einen Untergeordneten nie mit etwas zu beauftragen, das man nicht auch selbst ausführen würde, gilt auch für ein Unternehmen. Aus Ihrem Verhalten muß ersichtlich sein, daß Sie zu den Werten und Strategien stehen, die Sie umgesetzt sehen wollen.

Manchmal muß man vielleicht zu ungewöhnlichen Methoden greifen, wenn man ein Team motivieren und vorantreiben will. Die obersten Führungskräfte von Apple Computers England waren alle am Kilimandscharo. Carnaud Frankreich, soeben mit Metal Box fusioniert, schickte das neue Führungsteam auf eine Expedition in die jordanische Wüste. Dabei waren acht Nationalitäten vertreten, und die meisten kannten einander nicht; nach einer Woche rauhen Lebens miteinander hatten sie jedoch die notwendigen Gemeinsamkeiten entdeckt. Die Übung endete in einem Hotel in Amman, wo eine gemeinsame Unternehmenserklärung entworfen wurde.

Vielleicht fehlt es Ihrem Team an grundlegenden Fähigkeiten: z. B. Gefühl für Zusammenhalt, gegenseitiges Vertrauen, Wissen um des anderen Stärken und Schwächen oder etwas ganz anderes. Lassen Sie Ihre Phantasie spielen, wie Sie zu diesen Fähigkeiten kommen könnten. Wenn Zusammenhalt für den Erfolg des Unternehmens wichtig ist und er durch eine Fahrt am Amazonas erreicht werden kann, dann ziehen Sie diese Möglichkeit einmal in Erwägung.

Eine konventionellere Art, die für die meisten Unternehmen ausreicht, wäre, das Team für einige Tage in eine Umgebung außerhalb des Büros einzuladen, um dort die Zukunft des Unternehmens zu diskutieren. Das wird von vielen Unternehmen mit guten Ergebnissen praktiziert.

Sie können die Leute auch durch Herausforderung motivieren. Das Team, das den tragbaren Plattenspieler Sony D-50 entwickelte, bekam ein Stück Holz – so groß wie das Plattenspielergehäuse und 3 cm dick, etwa ein Zwangzigstel der original CD-Spielergröße. Dies sollte der neue Plattenspieler werden, wurde dem Team aufgetragen. Die erste Reaktion war, daß es unmöglich sei. Daß es ihm doch gelang, hat sowohl mit dem Überschreiten von Grenzen als auch mit der nötigen Technologie zu tun.

Der Sony-Fall war auch eine Übung zur Teamkontrolle. Ziele und Grenzen wurden klar vorgegeben, abgesehen davon hatte das Team jedoch freie Hand. Oft bricht in Teams Unproduktivität und Unruhe aus, wenn sie nicht wissen, in welche Richtung sie sollen. Legen Sie die Richtung fest, geben Sie ein gutes Beispiel ab, fordern Sie heraus, und Sie werden nicht nur die Leute auf Kurs halten, sondern auch das Beste aus dem Team herausholen.

24

Der Vorsitzende und die Vorstandsdirektoren: Hilfe oder Hindernis?

Die Aufgabe des CEO besteht darin, sein Führungsteam im Unternehmen zusammenzustellen – das würde niemand in Abrede stellen. Nicht ganz so eindeutig ist seine Position und Verantwortung gegenüber dem Vorstandsvorsitzenden und den Vorstandsdirektoren. Hier hat jedes Unternehmen seine eigene Vorgangsweise, und es ist schwer, allgemeingültige Regeln aufzustellen. Für den CEO kann die Beziehung zwischen dem Vorsitzenden und den Vorstandsdirektoren unterstützend oder behindernd sein, je nachdem, wie klar sie definiert worden ist.

Vielleicht sind Sie CEO und Vorsitzender in einem; diese Aufgaben werden oft kombiniert, und einige erfolgreiche Geschäftsführer bekleiden beide Ämter. Ein Arrangement dieser Art kommt dem Egotypen entgegen, der die Macht nicht gerne teilt. Der Vorteil ist klar: Es gibt keinen Zweifel über den Ablauf von Anordnungen. Ich bin bei PA in derselben Situation, hoffentlich nicht aus Egogründen. Diese Kombination kann effektiv sein, kann aber auch zur Rollenüberlastung führen, und ich würde bisweilen gerne Führungsaufgaben mit einem Vorsitzenden teilen.

Am Beginn des Buches behauptete ich, daß ein CEO kein

Mitleid in seinem Job erwarten dürfe, es gibt dabei jedoch eine Ausnahme. Nach einem miserablen Tag können Sie mit Ihrem Kummer zum Vorsitzenden gehen, der vielleicht eine Lösung weiß und Sie mit einem besseren Gefühl nach Hause gehen läßt. Und das ist viel wert, denn es gibt Ihnen Stärke für Ihren Job.

Was noch wichtiger ist, Sie können ihn bei einer schwierigen Entscheidung um Rat fragen. Er kann Ihnen seine Meinung sagen, oder Sie können ihn als Leinwand für alle Ihre Gedanken verwenden. Niemand ist für diese Rolle besser geeignet als der Vorsitzende. Er kennt das Unternehmen genauso gut wie Sie, er sieht es von einem ähnlichen Blickwinkel aus, und Ihre Beziehung ist eng und vertraulich. Sie ist etwas Einmaliges.

Es gibt viele – auch bekannte – Beispiele von erfolgreichen Zweierteams an der Spitze. Bei näherer Betrachtung haben diese Beziehungen gewisse Ähnlichkeiten mit Freundschaftsbeziehungen. Bei beiden herrscht ein subtiles Gleichgewicht zwischen zwei Persönlichkeiten, wobei jede einen eigenen Verantwortungsbereich und Fähigkeiten hat, die einander ergänzen. Die Partnerschaft ist oft über Jahre hinweg entstanden und hat ein unnachahmbares Muster entwickelt.

Vielleicht wäre die Ehe zum Vergleich besser geeignet als die Freundschaft. Wenn nämlich zwischen dem Vorsitzenden und dem CEO etwas schiefläuft, können sie sich nicht einfach trennen und ihrer Wege gehen. Sie sind in einem Netz von Unternehmensverantwortung miteinander verwoben. Sie können (und werden) jahrelang nebeneinander existieren, bis einer der beiden in Pension geht oder stirbt. Ich vermute, diese Art von Team kommt häufiger vor, als es auf den ersten Blick aussieht. Und so wie bei den Ehen anderer Leute weiß man nichts Genaues darüber und kann auch nicht fragen. Erst wenn die Spannung in Scheidung endet, erfährt man von Schwierigkeiten. Auch das kann im Geschäftsleben vorkommen.

Die Quintessenz daraus ist klar: Die Beziehung zwischen dem Vorsitzenden und dem CEO ist eine Partnerschaft, wo der Vorstand mit größter Sorgfalt vorgehen muß – ähnlich wie bei Familien und einer arrangierten Ehe. Die Partner sollten einander möglichst vorher schon kennen und auch schon einige Jahre miteinander gearbeitet haben. Es wäre kontraproduktiv, einen Vorsitzenden zu wählen, der den CEO kontrollieren möchte und vice versa. Die Basis sollte so gut sein, daß die beiden Persönlichkeiten zu einem guten und harmonischen Team werden können.

Nehmen wir an, Sie sind Teil eines solchen Teams – dann müssen Sie zu einer Arbeitsteilung kommen. Solche Vereinbarungen werden selten formal getroffen, manchmal nicht einmal niedergeschrieben oder ausgesprochen. Sie entwickeln sich – unausgesprochen und pragmatisch – innerhalb von 1½ bis 2 Jahren.

Zum Vorsitzenden muß noch etwas hinzugefügt werden: Er kann Ihr Freund und Vertrauter sein, er muß aber auch der Mann sein, der Sie feuert, wenn Sie versagen. Dafür wird er wahrscheinlich die Unterstützung der Vorstandsdirektoren brauchen, die Initiative dazu würde jedoch vom Vorsitzenden ausgehen. Das heißt, ist er auf Ihrer Seite, sind Sie sicher, ist er nicht auf Ihrer Seite, kann Ihre Position gefährdet sein.

Dieses Spannungsfeld färbt immer ein wenig auf die Beziehung ab: auch wenn alles gut läuft, gibt es ein Spannungspotential, von dem Ihre Zukunft abhängen könnte. Ein guter Vorsitzender wird taktvoll damit umgehen. Trotzdem kann es eine Belastung für beide sein. Und ein weiterer Grund dafür, einen Ihnen bekannten Vorsitzenden zu wählen.

Ein Vorsitzender jedoch, der mit Ihnen immer einer Meinung ist, bringt auch nichts.

Oft ist es auch er, der den CEO bestellt, und manchmal wird er sein Nachfolger. Für diesen Fall ist es doppelt wichtig, eine Aufgabenteilung vorzunehmen. Hat der Vorsitzende

Führungsfunktionen oder nicht oder eine Zwischenfunktion? Will er den Laden selbst führen und Sie nur als Assistent haben? Oder wird er zur Verfügung stehen, wenn seine Hilfe gebraucht wird?

»Ich führe nur in Notsituationen«, wird er vielleicht sagen. Aber was meint er wirklich damit?

Treten Sie die Stelle nicht an, bevor diese Frage nicht geklärt ist. Wenn die Antwort nicht klar ist, gibt es eine Menge Tests, mit deren Hilfe die Ausgewogenheit im Machtverhältnis beurteilt werden kann. Wenn der derzeitige Vorsitzende soeben Ihren Vorgänger ohne Murren aus dem Vorstand entlassen hat, dann war er entweder ein Schurke, oder Ihnen blüht das gleiche. Ein anderer guter Test ist die Linienverantwortung des Finanzdirektors. Wenn er dem Vorsitzenden direkt berichtet, dann hat der Vorsitzende auch das Sagen, und Sie werden immer nur der Betriebsleiter bleiben.

Ein dritter Test bezieht sich auf die Strategie. Hat der Vorsitzende die Verantwortung, hat er auch die Kontrolle darüber, und Sie sind niemals der Geschäftsführende und können sich nicht so nennen, wenn Sie nicht auch Verwalter der Unternehmensstrategie sind.

Diese Dinge können Sie leicht erkennen, es gibt aber noch versteckte Hinweise auf das Machtverhältnis, die wieder von Betrieb zu Betrieb variieren werden.

Bis zu einem gewissen Grad müssen Sie Ihrem Vorsitzenden einfach vertrauen und Ihre Beziehung im Laufe der Zeit formen und gestalten. Es ist wichtig, diese Punkte so weit wie möglich zu klären, bevor Sie den Vertrag unterschreiben. Stellen Sie Fragen, bestehen Sie auf Antworten, machen Sie eine Vereinbarung über Aufgabengebiete. Sie müssen wissen, woran Sie sind, besonders bei einem Vorsitzenden, der selbst Führungsaufgaben übernehmen will.

Meiner Meinung nach, und das bestätigt die Erfahrung, ist die beste Variante ein Vorsitzender, der sich seiner Aufgabe an höchstens zwei bis drei Tagen in der Woche widmet, und dann hat er klar abgegrenzte Aufgabengebiete – wie z. B. interne Kommunikation oder Kommunikation mit den Aktionären und Medien. Wichtig ist, daß er keine Führungsaufgaben übernimmt und nicht das Unternehmen leitet. Dafür ist der CEO verantwortlich und bleibt es auch, außer es passieren Dinge, die das Unternehmen bedrohen.

Am besten läuft es dort, wo der CEO selbst zum Vorsitzenden wird, vorübergehend vielleicht beide Positionen innehat und nach und nach die Verantwortung und Aufgaben an einen gut gewählten Nachfolger abgibt. Die betreffenden Personen kennen einander dann bereits gut, bevor eine Veränderung in ihrer Beziehung eintritt. Dieser evolutionäre Ansatz hat, glaube ich, wesentlich bessere Erfolgsaussichten als jener einer extern geholten Person. Das haben Vickers, Thorn EMI und Tate & Lyle gezeigt.

Ich möchte noch hinzufügen, daß die Rollenverteilung leichter vorzunehmen ist, wenn beide ausgeprägte Stärken haben. In vielen großen AGs, wie z. B. GEC und Lonrho, sind die Vorsitzenden ehemalige Politiker, die sich um Regierungs- und Bankbeziehungen kümmern, während die Führungsverantwortung beim CEO liegt, dessen Qualifikation und Erfahrung außer Diskussion steht.

Eine andere Situation, in der die Rollen zwangsläufig und radikal geklärt werden, ist eine Krise. Das Unternehmen hat Probleme: Der Vorsitzende und der CEO (einer von ihnen hat wahrscheinlich externe Hilfe angefordert) müssen zur Rettung der Situation zusammenarbeiten und die dringlichsten Aufgaben untereinander aufteilen. Der Vorsitzende beruhigt die City, während der CEO die organisatorischen Probleme angeht. Geht das gut, werden sie ein starkes Team, wo jeder die Rolle des anderen respektiert.

Auch die Vorstandsdirektoren können eine große Hilfe für den CEO sein, unter der Voraussetzung, sie wurden sorgfältig ausgewählt. Manche Vorsitzenden werden für sich das Recht erheben, die Vorstandsdirektoren zu bestellen; dies sollte jedoch nie ohne Ihre Zustimmung geschehen, darauf müssen Sie bestehen. Als CEO müssen Sie reges Interesse an diesen Bestellungen haben, denn Sie können die Ausgewogenheit und Effizienz des Vorstandes erheblich beeinflussen.

Diese gar nicht einfache Aufgabe muß gut gelöst werden: Sie können einen Vorstandsdirektor nicht bestellen wie einen Manager; außerdem ist ein guter Manager noch lange kein guter Vorstandsdirektor. Die Rollen sind grundverschieden.

Hier befinden wir uns wieder auf einem Terrain, auf dem es noch keine eingeführten Regeln gibt. Unternehmen haben unterschiedliche Gewohnheiten, auch nationale Traditionen spielen eine Rolle. Es gibt jedoch einige allgemeingültige Aussagen, die meiner Meinung nach wertvoll sind.

Erstens müssen Sie genau wissen, welche Fähigkeiten und Eigenschaften Ihre Vorstandsdirektoren haben sollen. Ein Unternehmen, das sich gerade auf internationales Gebiet begibt, könnte von mehreren Nationalitäten im Vorstand profitieren. Ein Unternehmen, das an die Börse gehen will, wird sich einen Direktor mit Erfahrung auf diesem Gebiet holen, und ein Unternehmen mit vielschichtigen Beziehungen zur Regierung wird sich ebenfalls einen entsprechenden Fachmann holen. Wie ich früher schon erwähnt habe, wird eine technologieorientierte Firma einen Experten wollen, der mit den firmeneigenen Technikern eine gemeinsame Sprache findet. Und so weiter.

Jeder Vorstandsdirektor sollte in der Lage sein, einen anderen Blickwinkel in den Vorstand einzubringen. Das ist auch seine Hauptfunktion. Ich glaube nicht an eine Ansammlung von öffentlichen Figuren als Aufputz des Firmenbriefpapiers.

Was die Anzahl angeht, würde ich drei als gerade richtig bezeichnen, außer Sie folgen dem amerikanischen Modell. Einer allein kann kein Vorstand sein, und zwei bringen Probleme bei Uneinigkeit. Alles über drei fördert Lobbies. Die Endzahl sollte jedenfalls eine Minderheit verglichen mit den anderen Direktoren sein. Ein Vorstand, der nur aus nichtgeschäftsführenden Direktoren besteht, ist zu leicht vom Vorsitzenden und vom CEO zu beeinflussen, deren Ratschläge er aus Mangel an Information einfach akzeptieren muß. Viele amerikanische Unternehmen führen dies vor.

Passive Teilnahme an Sitzungen mit gelegentlichen Wortmeldungen genügt meiner Meinung nach jedoch nicht. Auch Vorstandsdirektoren sollten am Geschäftsleben teilnehmen; verstehen sie den Firmenjargon oder detaillierte Gespräche nicht, langweilt sich der restliche Vorstand ziemlich bald. Beiräte, die für bestimmte Projekte gegründet werden, wären eine gute Lösung.

Die Bestellung der Vorstandsdirektoren sollte auf Zeit erfolgen – mitunter haben sie eine natürliche Tendenz zum ewigen Weiterbestehen, aber so wie das Unternehmen sich weiterentwickelt und neue externe Meinungen braucht, werden Sie auch Veränderungen im Vorstand vornehmen müssen.

Vorstandsdirektoren und auch der Vorsitzende können Ihren Horizont erweitern und Ihre Position stärken. Sie müssen jedoch mit großer Sorgfalt gewählt werden. Scheitern Sie dabei, werden Sie voll Neid auf den jungen Unternehmer blicken, der niemandem, nur sich selbst Rechenschaft schuldig ist.

25

Rolle und Remuneration: Struktur soll nicht behindern

Lassen Sie sich nicht von Organigrammen in die Enge treiben. Natürlich ist es nützlich zu sehen, wer für wen verantwortlich ist. Organigramme können jedoch leicht zum Über-Ich werden und Ihre Ziele unterwandern.

Ein Problem besteht darin, daß sie Leute entzweien, die eigentlich miteinander reden sollten. In amerikanischen Spitälern arbeiten praktische Ärzte und Fachärzte ungezwungen zusammen, in England werden letztere beinahe wie Götter behandelt. So kann es auch in der Industrie sein. In vielen Unternehmen spricht die Designabteilung nicht mit der Produktion, und so treffen sie nie aufeinander. Das Organigramm setzt sie auf verschiedene Plätze, und dementsprechend verhalten sie sich auch.

Weiters sind Organigramme ein guter Nährboden für Büropolitik. Sie fördern eine hierarchische Mentalität und den latenten menschlichen Wunsch, Personen von ihrem Platz zu verdrängen – all dies kann sich störend auf das Unternehmen auswirken.

Organigramme sollten nämlich nach Marktzielen erstellt werden und nicht umgekehrt. Wenn das Ergebnis ein Durcheinander ist, macht das nichts. Wichtig ist, daß die Arbeit erledigt wird. Und so wie sich die Ziele ändern, ändert sich auch die Organisation. Der Plan ist immer provisorisch, d. h. Sie erreichen nie den Punkt, wo sie ihn einzementieren können.

Das trifft auch zunehmend auf die Lohnstruktur zu.

Hüten Sie sich vor dem Bürokraten, der strenge Entlohnungsregeln aufstellen will, denn das ist meist ein Verteidigungsmechanismus, der ihm persönlich das Gefühl gibt, die Kontrolle zu haben, und den Managern das Gefühl verleiht, dem System die Schuld zuschieben zu können, wenn ihre Entscheidungen nicht so glücklich waren.

Es kann allerlei Unsinn dabei herauskommen. Ich habe Unternehmen gesehen, wo bestimmte Leute ein Auto für ihre Arbeit brauchen, es aber nicht bekommen, weil sie in der Hierarchie nicht weit oben genug sind; oder: die Firma muß einen Experten holen, kann ihm jedoch nicht den branchenüblichen Tarif zahlen, denn das entspräche dem Gehalt eines Abteilungsleiters.

So wie das Organigramm sollte auch Ihre Lohnstruktur das wiedergeben, was Sie letztendlich erreichen wollen.

Angenommen, Sie wollen Ihre Verkäufe maximieren: dabei ist es durchaus möglich, daß Sie herausfinden, daß einige Verkäufer kräftig absahnen, während es andere lieber gemütlich haben und mit fast dem Minimalgehalt auskommen. Das war nicht Ihre Absicht, und Sie werden vielleicht das System von Grundgehalt und Prämien ändern müssen. Wenn Sie das Grundgehalt z. B. niedriger ansetzen und die Prämie höher, wird das Verkaufsteam motivierter sein und mehr leisten. Kurzum, Gehaltsstrukturen können sehr wohl zur Erreichung von Unternehmenszielen beitragen.

Achten Sie auch darauf, was die Leute wollen. Individuelle Personen haben verschiedene Bedürfnisse. Einige wollen das große Geld verdienen, andere wollen lieber Sozialleistungen wie Krankenversicherung, Weiterbildung, ein Auto etc. Ihr

Administrator mag sich darüber beschweren, wie kompliziert es ist, es allen recht zu machen, und daß es viel einfacher wäre, je nach Position Prämien zu vergeben. Ich fürchte, er hat unrecht. Heutzutage geht der Trend immer mehr zu einer Mischung aus Bezahlung und Sozialleistungen, die die Mitarbeiter selbst aussuchen können. Vielleicht müssen Sie mehr für administrative Tätigkeiten ausgeben, das ist aber schon alles.

Meiner Meinung nach wird dieser Trend zu Wahlmöglichkeit und Flexibilität in den 90er Jahren weitergehen. Auf dem heutigen Arbeitsmarkt ist die Nachfrage nach hochqualifizierten Arbeitskräften so groß, daß sie mehr von ihrem Arbeitgeber und mehr Mitsprache bei ihren Bedingungen fordern können. Jedes Unternehmen, das die besten Leute anstellen und behalten will, muß sich dieser Erwartungen bewußt sein.

Seien Sie also nicht etepetete, was Ordnung und Gehaltsstrukturen Ihrer Organisation angeht. Auf die Funktionstüchtigkeit kommt es an.

26

Leidet die Wirtschaft unter demotivierten Managern?

»Ich bin in einem Alter, wo eine Veränderung schwierig ist. Ich bin überflüssig, ich stecke in einer Sackgasse. Es gibt keinen Weg nach oben, keinen nach unten und keinen hinaus.«

USA, Manager der mittleren Führungsebene, »Business Week«, 1988.

»Ein unmotivierter Mitarbeiter in einer Schlüsselposition kann Sie Millionen Dollar kosten.«

DANIEL P. WEADLOCK, ehemaliger ITT-Vorsitzender, Europa.

Es gibt Zeiten, wo jeder Manager am liebsten alles hinwerfen und zum Angeln gehen würde. Die Motivation läßt nach. Es gibt keine Hürden mehr zu nehmen, und falls es noch welche gibt, hat es keinen Sinn, sie anzupeilen, weil der Weg dahinter blockiert ist.

Wenn man C. Northcote Parkinson Glauben schenken soll, ist es bis zu einem gewissen Grad unvermeidbar, daß »in einer

Hierarchie jeder Beschäftigte irgendwann einen Punkt der Inkompetenz erreicht«. Mit anderen Worten, man steigt auf, bis der Plafond erreicht ist; das bemerkt man jedoch so lange nicht, bis eine Aufgabe kommt, die man nicht erledigen kann. Das Ergebnis können Tausende Angestellte in Positionen sein, für die sie nicht geeignet sind, und das ist nicht nur für die einzelnen deprimierend, sondern für das gesamte Unternehmen ein schlechter Ausgangspunkt.

Weiters ist es eine unangenehme Tatsache, daß Pyramiden nach oben hin schmäler werden; unweigerlich wird es jemanden geben, der höher hinaus will und nicht kann.

Dies einmal festgestellt, können Sie als CEO erheblich dazu beitragen, die Motivation wieder anzukurbeln. Vielleicht überlegen Sie einmal die folgenden drei Ansätze.

Vernünftige Beförderung

Nach dem Parkinsonschen Gesetz wird es dann kritisch, wenn Personen befördert werden, die als nächste an der Reihe sind. Diejenigen, die die Stelle bekommen, sind nicht unbedingt diejenigen, die sie auch am besten erfüllen können: sie sind jedoch am längsten im Betrieb. Das kann fatal sein, und wenn es in Ihrem Betrieb vorkommt, machen Sie ehebaldigst Schluß damit.

Es kommt jedoch immer seltener vor. In den meisten Unternehmen werden Beförderungen nach einer qualitativen Beurteilung vorgenommen. Das Problem dabei ist, daß Beurteilungen auf die Vergangenheit Bezug nehmen. Sie sehen sich die Geschichte einer Person an, wie gut sie in den drei letzten Stellen war, und schließen daraus auf die Zukunft. Das muß nicht immer zutreffen, wie der Fall des Verkäufers zeigt, der plötzlich zum Vorgesetzten aller Verkäufer wird, weil er gut verkauft. Das ist ein Trugschluß. Er kann ein guter Manager sein, was aber nicht unbedingt die logische Folge seiner beruflichen Geschichte ist.

Es liegt ein besonderes Risiko darin, Praktiker in Managementpositionen zu holen. Die beste Oberschwester im Krankenhaus ist nicht immer eine gute Managerin; ein begnadeter Lehrer ist oft ein schlechter Schuldirektor; ein guter Verkäufer ist oft ein weniger guter Verkaufsleiter.

Solche Fehler sind peinlich für die Betroffenen und teuer für die Organisation. Daher sollten Sie alles unternehmen, um die Beurteilung fundierter durchzuführen. Beleuchten Sie die Position auf der Basis der grundlegenden und außergewöhnlichen Fähigkeiten. Wie wir in Kapitel 23 gesehen haben, sind die grundlegenden Fähigkeiten jene, die der Kandidat besitzen muß, um die Arbeit überhaupt durchführen zu können, während außergewöhnliche Fähigkeiten ihm erlauben, sie besonders gut zu machen. Vergleichen Sie dann die Anforderungen mit den Fähigkeiten des Kandidaten, und achten Sie dabei nicht so sehr darauf, was er gemacht hat, sondern was er ist. Das ist ein erheblicher Unterschied. Statt Projektionen auf eine vorhergegangene Leistung anzustellen, möchten Sie die derzeitigen Fähigkeiten der Person herausfinden. Psychometrische Evaluierungen leisten dabei gute Dienste. Sie zeigen Ihnen auch, welche Fähigkeiten noch gefördert werden müssen, wenn der Kandidat einmal auf dem Posten ist.

Vernünftige Beförderung verhindert nicht, daß Leute sich in ihrem Job langweilen, aber es wird vielleicht dieses nagende Gefühl des Selbstzweifels vieler Leute aufheben.

Sagen Sie den Mitarbeitern, in welche Richtung sie gehen

Wenn Manager einen Plafond erreicht haben, können sie positiv oder negativ darauf reagieren. Am besten geht es jenen, die ein klares und positives Feedback bekommen, die wissen, daß sie für das Unternehmen gute Arbeit machen, die ihre Grenzen kennen und die schon von Anfang an gelernt haben, ihre Karriere in die Hand zu nehmen. Am schlechtesten geht es denjenigen, für die berufliches Vorankommen mit Status verbunden ist, die keine Beurteilung und kein Feedback bekommen haben und die das Gefühl haben, das Unternehmen sei an ihrem langsamen Vorankommen schuld.

Dem können Sie entgegenwirken, indem Sie den Leuten von Anfang an Feedback zu ihrer Leistung geben und ihnen sagen, was sie erwarten können. Wenn Sie ihnen nichts Außergewöhnliches bieten können, so lassen Sie sie in ihrem momentanen Job glänzen. Wenn Sie noch keine Feedbackkultur haben, führen Sie eine ein. Wenn Sie bereits eine haben, leiten Sie die Ergebnisse auch weiter. Am meisten sind diejenigen Leute verbittert, die in eine Sackgasse geraten sind, ohne vorher gewarnt worden zu sein. »Wenn ich das früher gewußt hätte, hätte ich noch etwas tun können!« lautet der allgemeine Ausruf der mittleren Managementebene.

Zu jährlichen Beurteilungen sollten zusätzlich Karriereübersichten erstellt werden – was nicht dasselbe ist. Übersichten erstrecken sich über einen längeren Zeitraum, meistens 5 bis 10 Jahre, und können besonders an kritischen Punkten hilfreich sein: so z. B. drei Jahre, nachdem der Angestellte seine erste Managerstelle angetreten hat und seine Fähigkeiten testen konnte; oder um die 45/50, wenn eine Veränderung noch möglich ist, und dann wieder nach 50, wenn es in die Zielgerade geht. (Heute trifft das nicht mehr in diesem Maße zu, denn die demographische Veränderung und der Mangel an jüngeren qualifizierten Leuten schafft neue Chancen für ältere Arbeitnehmer.)

Karrierübersichten haben auch eine nützliche Doppelfunktion: Wo immer es möglich ist, sollten sie Mitarbeiter bei ihrer Karriere unterstützen und ihnen die Chancen aufzeigen, die ihren Fähigkeiten am besten entsprechen. Sie sollten aber auch einen eventuellen Plafond lange genug vorher ankündigen, um den Leuten die Möglichkeit zu geben, daraus Konsequenzen zu ziehen.

Sie sollten den Leuten nicht nur sagen, wo sie als einzelne hingehen, sondern sie auch darüber informieren, wo das Unternehmen hingeht.

Dazu kommt noch, daß bei jeder Personalreduktion, Ortsveränderung oder Neueinstellung die Angst um den eigenen Arbeitsplatz steigt. Auf der mittleren Managementebene können Schritte, die im Vorstandszimmer noch vernünftig ausgesehen haben, einen bedrohlichen Aspekt bekommen.

Bei jeder Umstrukturierung wird die Motivation nachlassen. Minimieren Sie diese Gefahr, indem Sie lange genug vorher ankündigen, was passieren wird; ermöglichen Sie den Leuten, sich Luft zu machen; bieten Sie Beratung für jene an, die ihren Arbeitsplatz verlieren werden, und erklären Sie den Verbleibenden genau, wo das Unternehmen hingeht.

Rolle ist wichtiger als Rang

Viele meiner bisherigen Vorschläge sind eher Linderungs- als Heilmittel für ausgepowerte Manager.

Die große Frage lautet, ob man einen Motivationsverlust verhindern kann.

Ich glaube schon.

Das Burn-out-Syndrom bei Managern geht oft auf Strukturen zurück, bei denen Rangordnungen eine große Rolle spielen. Bei aktiven Leuten beginnen die Symptome oft um die 40, wenn die Seiten der Pyramiden schmäler werden und man die nächsten 15 bis 20 Jahre voraussichtlich das gleiche machen wird. Sie langweilen sich, trauen sich jedoch nicht, auf einem Seitenweg neue Erfahrungen zu machen, denn das könnte einen Abstieg bedeuten.

Was sie in Wirklichkeit brauchen, ist eine Veränderung der Rolle, eine neue Leinwand zum Bemalen. Das verbietet jedoch die Rangordnung, und so bleiben sie, wo sie sind, und verlieren schön langsam das Interesse.

Meiner Meinung nach liegt der Schlüssel darin, sich weniger über Ränge als vielmehr über Rollen den Kopf zu zerbrechen. Welche Rolle sollte diese oder jene Person bekleiden, um sich selbst wohl zu fühlen und auch für den Erfolg des Unternehmens den bestmöglichen Beitrag zu leisten? Wenn Sie das schaffen, wird die Person in Ihrem Unternehmen bleiben und in 20 Jahren noch immer mit Freude dabei sein. Sie müssen es fertigbringen, die Stufenmentalität abzubauen.

Vielleicht könnten Sie fürs erste andere Stellenbezeichnungen einführen, die Leute nach ihrer Tätigkeit benennen und nicht nach ihrer Position in der Hierarchie. Das erlaubt Ihnen zumindest, bei der Anstellung und Bezahlung von neuen Leuten um einiges flexibler zu sein.

Eine Rollenkultur erlaubt es Ihnen, die Leute dort einzusetzen, wo sie sich am besten entfalten können. Auch Fachleute können in einer derartigen Kultur besser arbeiten. Dadurch wird es einer demotivierten Person, die schon zu lange in dieser Stellung ist und sich daran klammert, ermöglicht, sich auf der lateralen Ebene zu verändern.

Unterschätzen Sie jedoch nicht die Zähigkeit der Stufenmentalität. Wenn Sie ernsthaft daran denken, Rollen den Rängen vorzuziehen, kann damit eine Veränderung der gesamten Unternehmenskultur verbunden sein. Lesen Sie Kapitel 22, bevor Sie das angehen.

27

Euromanager: Eine neue Kategorie?

Im Zuge der Annäherung der Europäischen Gemeinschaften an einen Gemeinsamen Markt mit einer Währungs- und Politikunion kommen kulturelle Unterschiede viel deutlicher zum Vorschein. Und hoffentlich gibt es sie noch lange: Europa wäre langweilig ohne sie.

Diese Unterschiede in Sprache und Temperament sollen jedoch nicht die Tatsache verdecken, daß die europäischen Länder auch einige Gemeinsamkeiten haben. Es gibt sehr wohl etwas wie eine europäische Kultur, auch in England. Das wird mir immer am deutlichsten bewußt, wenn ich in die USA reise, wo die Kultur doch ganz anders ist. Abgesehen von der Sprache würde ich sagen, daß England mehr mit Frankreich gemeinsam hat als mit Texas.

Im Grunde ist Europa eine Einheit. Wir treten also lediglich einem größeren Binnenmarkt bei, den die Amerikaner schon lange haben.

Es ist auch wichtig für uns, diesen heimischen Markt wie sie zu nützen. In England drehen sich Gespräche oft um den Beitritt zu Europa, als ob es ein fremdes Territorium wäre. Es trifft dort zu, wo es um Wettbewerb in Europa geht, mit Unternehmen, die ihre Zentrale in anderen Ländern haben. Ein vereintes Europa – inklusive England – hat jedoch einen enormen Vorteil beim Wettbewerb mit der übrigen Welt, und das ist die wichtigste Veränderung.

Große heimische Märkte sind nützlich. Rege lokale Nachfrage nach z. B. japanischen Autos schafft eine Kostendegression, die es z. B. Nissan und anderen erlaubt, Qualitätsautos rund um die Welt zu schicken und sie in England trotzdem zu erschwinglichen Preisen anzubieten. Harter heimischer Wettbewerb und hohe Erwartungen der eigenen Kunden haben dazu beigetragen, daß japanische Betriebe, wenn sie aus dem heimischen Markt ausbrechen, den weltbesten Betrieben das Wasser reichen können. Mit anderen Worten, japanische Unternehmen verwenden den heimischen Markt als Versuchslabor, um später am Weltmarkt mitmischen zu können.

Auf den Weltmarkt zu gehen, lautet jetzt die Devise der meisten Produktionsbetriebe. Weltklasseunternehmen brauchen Weltmärkte, um die Gewinne zu erzielen, die zur Erzeugung neuer Weltklasseprodukte notwendig sind – der Weg dorthin führt über den heimischen Markt.

Leider sind wahre Europäer, wie wir sie zur Nutzung dieser neuen Bedingungen brauchen, noch sehr rar.

Die Art von Person, die mir vorschwebt, ist ein kulturelles Chamäleon. Mir fällt ein Kollege dazu ein, der im Londoner Hafengebiet (bevor es in Mode kam) aufgewachsen ist und in eine andere Welt eintauchte, als er ein Stipendium nach Cambridge bekam und dort mit Auszeichnung die humanistischen Wissenschaften absolvierte. Er arbeitete für PA, als ein Großteil unserer Arbeit mit dem Verhältnis zwischen Arbeitgebern und Arbeitnehmern zu tun hatte, und pendelte ganz natürlich zwischen dem Fließband und der Vorstandsetage hin und her. Ich beneidete ihn um diese Gewandtheit.

Der neue Europäer sollte in der Lage sein, mit derselben Leichtigkeit nationale Grenzen zu überschreiten. Dafür braucht man Leute mit mehreren Sprachen und Verständnis für die Denkweise des jeweiligen Landes. Und nicht nur das: Unternehmen sollten ihre eigene paneuropäische Kultur aufbauen, wo diese neue Sorte Leute florieren kann.

Bei PA versuchen wir genau das, nämlich Europa wie einen einzigen Markt zu behandeln. Abgesehen von den jeweiligen Steuerverordnungen verrechnen wir weder Gewinne noch Umsätze nach Ländern aufgeteilt. Sie sind europäisch. Es wäre ohnehin sehr schwierig: Ist eine Arbeit deutsch, weil der Kunde Deutscher ist? Oder französisch, weil der Teamleiter Franzose ist? Oder dänisch oder englisch, weil wir dänische und englische Spezialisten haben? Unser Rechnungswesen macht hier keine Unterschiede, und deswegen, glaube ich, fördern wir eine europäische Einstellung.

Englische Firmen haben begonnen, sich mehr darum zu kümmern. Die großen Banken z. B. investieren beträchtliche Summen in Sprachkurse. ICI praktizierte eine Zeitlang, zukünftige Manager bewußt in verschiedene Länder zu versetzen, so daß es ihnen nach Erreichen der Position leichtfiel, über Landesgrenzen hinaus zu operieren.

Dies sind jedoch nur bescheidene Beispiele einiger weniger Unternehmen. Die kulturelle Herausforderung wird auch nach Aufheben der offiziellen Grenzen weiterbestehen, muß dann jedoch ernsthafter angegangen werden.

Es ist in unserem eigenen Interesse, eine neue Generation heranzubilden, die es gewohnt ist, Europa als ihr Territorium zu sehen. Sie verdient es, wahrgenommen, gefördert und befördert zu werden.

28

Die Kunst der reibungslosen Nachfolge

Es gibt wohl wenige Unternehmen, die sich über das Nachfolgeproblem Gedanken gemacht haben. Die meisten CEOs kümmern sich viel zuwenig um die langfristige Entwicklung ihrer Führungskräfte der obersten Ebene.

Keine Frage, daß dies in den Aufgabenbereich des CEO gehört. Bei der PA-Umfrage betrachtete jeder CEO die Suche und Einschulung eines Nachfolgers als seine Verantwortung. Über das Procedere herrschte jedoch Uneinigkeit.

Eine Meinung war, daß es Sache des Vorstandes sei, den Nachfolger zu bestimmen, und Sache des CEO, geeignete Kandidaten auszuwählen. Einer meinte, es wäre ihm nicht recht, jemanden einzuschulen, der »eine Kopie meiner selbst wäre«.

Die Mehrheit war jedoch der Meinung, daß der CEO sehr wohl eine Empfehlung für einen geeigneten Kandidaten abgeben sollte, um dem Vorstand die Wahl zu erleichtern. Bei John Lewis Partnership nominiert der scheidende CEO seinen Nachfolger, und der Vorstand ist verpflichtet, diesen zu akzeptieren.

Ein anderer sah die Nachfolge als Wettrennen: »Zuerst

müssen Sie eine Liste der in Frage kommenden Nachfolger erstellen. Dann haben Sie Zeit, ihn zu beobachten; mindestens zwei Jahre vor Ihrer Pensionierung müssen Sie sich jedoch auf einen oder zwei Kandidaten beschränken. Sie brauchen diese zwei Jahre, um ihm auf die Sprünge zu helfen.«

Japanische Firmen haben eine klare Vorgangsweise. Es gibt mehrere Kandidaten für die Nachfolge des Vorsitzenden oder CEO. Einer wird ausgewählt, die anderen werden Manager kleinerer Firmen oder gehen in den Staatsdienst. ICI geht ähnlich vor: Bevor ein CEO bestellt wird, sind zwei bis drei Kandidaten in der engeren Wahl. Einer bekommt die Stelle, während die anderen zu anderen Firmen überwechseln.

Diese Vorgangsweise gilt für die letzte Phase. Wichtiger ist jedoch die Auswahl der Talente; diese Arbeit muß weit unten in der Organisation begonnen werden und lange bevor die Übergabe tatsächlich ansteht.

Die Arbeit beginnt damit, daß der CEO seine Visionen bezüglich Richtung und Art des Unternehmens in den nächsten 5, 10 oder 15 Jahren mit anderen teilt. Diese Vision sollte die Mitarbeiter beeinflussen, die Leute, die nach Ihrem Abgang das Unternehmen weiterführen werden.

Haben Sie gute Leute um sich gesammelt (und das ist absolut wichtig), sollte deren Entwicklung mit größter Sorgfalt angegangen werden. Ich kann nicht genug betonen, wie wichtig das ist, denn was stellt denn Ihr Unternehmen dar, wenn nicht Personen?

Eines der erfolgreichsten Unternehmen der letzten Jahrzehnte ist IBM. Es ist kein Zufall, daß IBM auch auf seine menschlichen Ressourcen größten Wert legt. Jetzt, Anfang der 90er Jahre, wird bereits das »Team 2000« entwickelt, die Führungskräfte, die IBM in das 21. Jahrhundert führen werden. Ein 3-Stufen-Plan hilft bei der Identifizierung der 10 bis 15 Leute, die in Zukunft eine Abteilung, ein Werk, eine Gruppe etc. leiten könnten. Die Stufen sind auf jene abgestimmt, die in diesen Positionen in einem, fünf oder zehn Jahren sein könnten.

IBM hat natürlich ein großes Talentepool zur Verfügung. Von weltweit 387.000 Beschäftigten sind ca. 1.600 mit Topmanagement und Führungstraining befaßt. Aber auch in kleineren Unternehmen ist es wichtig, zukünftige Talente zu pflegen.

Die Zukunft ist ein ständig in Bewegung befindliches Ziel und verlangt große Wachsamkeit für neue Fähigkeiten, die vielleicht erst später notwendig werden. So wurde z. B. eine Bausparkasse 70 Jahre lang nach traditionellen Linien geführt. Jetzt – im Zuge der Umstrukturierung – gibt es plötzlich Prämien für Innovationen und Dienst am Kunden. Jetzt geht es jenen Bausparkassen am besten, die die Veränderung vorhergesehen und darauf geachtet haben, die richtigen Fähigkeiten und Qualifikationen zu entwickeln oder hereinzuholen.

Viele Multis haben die Politik von Unilever übernommen, die zukünftige Manager bewußt in alle Bereiche und Länder versetzt, so daß sie dann in der obersten Führungsebene auf dementsprechende Erfahrung zurückgreifen können.

Was heißt das nun für Sie – heute, nächste Woche, nächsten Monat? Ich würde einige Punkte zur Beachtung vorschlagen, die oft vergessen werden:

- Achten Sie darauf, einen guten Personalentwicklungsdirektor zu haben. Merkwürdig, daß viele Unternehmen oft gar keine Notwendigkeit dafür sehen. Viele schieben diese Funktion lieber in die »Finanz- und Verwaltungsabteilung« ab, was bereits einiges über die Einstellung zu diesem Bereich aussagt.
- Beauftragen Sie Ihren Personalentwickler damit, zukünftige Manager aufzuspüren, d. h. zu wissen, wer sie sind und mit ihnen bekannt zu werden. Er ist dazu eher in der Lage als Sie, denn wenn Sie als CEO plötzlich einzelnen Mitarbeitern mehr Aufmerksamkeit schenken, werden sich die Linienmanager bedroht fühlen.

- Hüten Sie sich davor, nur die Leute zu befördern, die Ihnen auffallen. Von Ihrer erhöhten Position aus ist es leicht, einzelne Personen zu bemerken, die plötzlich auftauchen und einen Riesenwirbel um sich machen. Sie haben vielleicht besonders gut verkauft, auf einer Konferenz oder Sitzung einen ausgezeichneten Beitrag geleistet, und die Belohnung ist wohl verdient. Seien Sie jedoch vorsichtig, solche Leute auf Kosten anderer guter Arbeiter, die momentan außerhalb Ihres Blickwinkels stehen, in den Himmel zu heben.
- Achten Sie darauf, daß die Einschulung in die Führungsposition nicht allein von Kollegen des Kandidaten vorgenommen wird. Das alte Sprichwort, daß Leute keine besseren Leute einschulen, als sie selbst sind, trifft hier voll und ganz zu. Kollegen sind nicht qualifiziert genug, die Firmenvision weiterzugeben, die Sie als CEO gerade entwickeln.

Die tatsächlichen Mechanismen für die Auswahl des Nachfolgers sind weniger relevant. Wichtiger ist, daß über einige Jahre hinaus ein Talentepool aufgebaut worden ist, mit der nötigen Erfahrung und Einschulung, um das Unternehmen in Zukunft führen zu können.

Wer immer Ihnen nachfolgt, wie er ausgewählt worden ist, Ihr letzter Dienst am Unternehmen sollte ein sanfter Übergang sein.

29

Führung ist alles

Dieses Buch hat mit Märkten begonnen und endet mit Menschen; es hätte aber auch umgekehrt sein können. Ein erfolgreiches Unternehmen muß in beiden Bereichen vorne sein. Es muß sich fortwährend an Marktveränderungen anpassen und das Beste für den Kunden suchen; es muß auch das Beste für die Beschäftigten suchen und fortwährend seine Struktur anpassen, Einstellungskriterien und Programme zum Verbleib der Leute abändern. Beide Bereiche sind gleich wichtig, und der Erfolg auf einem Gebiet hängt vom Erfolg auf dem anderen Gebiet ab.

Um der Beste auf dem Markt zu sein, brauchen Sie auch die besten Leute. Gute Leute sind jedoch rar und werden immer rarer. Das wissen sie auch. Sie wissen um ihren Wert, und dieses Selbstvertrauen macht sie mobiler, wählerischer, fordernder gegenüber ihrem Arbeitgeber. Geld allein hält sie nicht. Sie wollen Erfüllung in ihrer Arbeit, einen Karriereplan, ein angenehmes Klima und das Bewußtsein, zu einer Elite zu gehören.

In den letzten Kapiteln haben wir uns angesehen, wie diese Erwartungen erfüllt werden können. Letztendlich bleibt es aber an Ihnen hängen. Nur durch Ihr eigenes Beispiel können

Sie gute Leute in Ihr Unternehmen locken und sie auch zum Verbleib motivieren.

Das nennt man die Kunst der Führung. Sie ist bereits einige Male aufgetaucht, hier wollen wir sie uns als untentbehrliches Gut jedes Unternehmens ansehen: die einzige und wichtigste Zutat zum Unternehmenserfolg. Ein guter CEO muß ein guter Führer sein.

In unserer Umfrage herrschte weitgehende Übereinstimmung, daß Führung und nicht Management gemeint ist. Managen können viele, und wenn nicht, können sie es lernen. Führungspersönlichkeiten sind schon seltener, und Führung ist auch nicht so leicht zu lehren und zu lernen. Es ist eine nicht greifbare Qualität, hat keine Formel, und doch können wir sie alle erkennen.

Sehen Sie sich einmal ein paar erfolgreiche Führungskräfte an, und Sie werden erstaunt sein, wie verschieden ihre Stile und Methoden sind. Einige sind ausgeprägte Autokraten, während andere durch aktive Mitarbeit und Diskussionen, durch stilles Vorführen ihres eigenen Beispiels zu ihren Ergebnissen kommen. Ich persönlich war schon immer ein Anhänger der letzteren Methode, die allerdings auch ihre Tücken hat. Sie können nicht durch Konsens führen, und Diskussionen können nicht endlos dauern. Letztendlich ist es Ihre Entscheidung und Ihre Verantwortung. Wie Sie das machen, bleibt Ihnen überlassen.

Nichtsdestotrotz gibt es eine Reihe von Anhaltspunkten, was eine Führungskraft ausmacht; Sie können selbst feststellen, ob Sie sich so nennen dürfen.

Ein Führer hat das Ziel im Auge, während der Manager sich um die Mittel kümmert. Ein wahrer Führer bringt andere Leute dazu, dasselbe zu wollen wie er, nicht durch Zwang, sondern durch Vorbild oder Überzeugung oder andere geheimnisvolle Mittel.

»Führung«, meinte ein Befragter, »ist die Fähigkeit, sich zu entscheiden, bei den Entscheidungen zu bleiben und sich nicht um Unbeliebtheit zu kümmern; konsequent und in der Lage zu sein, zu kommunizieren und sich in der Wirtschaft gut auszukennen.«

Der Kommentar könnte noch insofern ergänzt werden, als erfolgreiche Führer drei Qualitäten auszeichnen: sie haben eine Vision, sie haben die Fähigkeit, diese Vision mitzuteilen, und sie haben die Fähigkeit, andere Leute dazu zu bringen, diese Vision in die Realität umzusetzen.

Die meisten Entscheidungen, die Sie als CEO treffen, werden auf der Vision, die Sie für Ihr Unternehmen haben, basieren. Die Märkte, auf die Sie wollen, die Technologien, die Sie wählen, die Leistung, die Sie erreichen wollen, das Image, das Sie in der Welt haben, die Art, wie Sie mit Leuten umgehen – all dies wird vom Ziel abhängen, das Sie vor Augen haben. Wenn Ihre Richtung nicht klar ist, werden auch Ihre Entscheidungen konfus sein und Ihr Team in die Irre führen.

Aber wie wissen Sie, ob Sie die richtige Richtung gewählt haben? Um dies zu beantworten, brauchen Sie Kommunikationsdrähte in alle nur erdenklichen Richtungen – zu Ihrem Unternehmen, zu den Märkten, zur Politik, zur Technologie und zur Finanzwelt. Sie brauchen Leute um sich, die richtig erfassen, was rundherum passiert und was das für Ihre Strategie bedeutet.

Sie müssen auch zuhören. Und Sie müssen aus dem Gehörten wählen. Guten Rat von schlechtem unterscheiden, die Leute verstehen, die ein Urteil abgeben, das sind wichtige Führungseigenschaften.

Haben Sie dann Ihre eigene Vision entwickelt, müssen Sie in der Lage sein, diese zu vermitteln. Dieses Buch hat sich mit allen dafür möglichen Wegen beschäftigt. Auf Klarheit und Konsequenz kommt es an; Sie müssen sagen, was Sie meinen, und meinen, was Sie sagen. Und dabei bleiben. Und jeder muß wissen, daß Sie dabei bleiben.

Sie brauchen nicht viel sagen. In der Öffentlichkeit sagen

Sie nichts, wenn Sie sich unsicher fühlen. Führungspersönlichkeiten sind keine Plaudertaschen, sie reden erst, wenn sie sicher sind.

Die praktische Umsetzung Ihrer Vision in die Realität obliegt dem Managementteam, das Sie um sich formen. Es ist Ihr rechter Arm, und hier kommt es darauf an, die richtige Wahl zu treffen, klare Ziele vorzugeben, das Team zur richtigen Zeit alleine zu lassen und zur richtigen Zeit zu betreuen – all dies sind Führungsfähigkeiten.

Oft gibt es dann eine, vielleicht zwei oder drei Personen, mit denen Sie privat Ihre Unsicherheiten besprechen können. Solche Vertraute, mit denen Sie absolut ehrlich und offen sein können und auch umgekehrt, bringen oft neue Sichtweisen ein und helfen Ihnen, Ihrer Meinung sicher zu sein, bevor Sie damit an die Öffentlichkeit treten.

Führung ist immer eine einsame Aufgabe, über die sich jedoch ein Führer niemals beschwert. Er hat die Stelle angetreten, weil er sie wollte, und deshalb heischt er nie um Mitleid. Hilfe fordert er sehr wohl und weiß auch, wo er sie finden kann. Meine Hoffnung ist, daß er sie ein wenig auch in diesem Buch findet.

Zusammenfassung

30 Tips zum Mitnehmen

Jeder CEO, der dieses Buch von Anfang bis Ende gelesen hat, hat viel von seiner Zeit dafür hergegeben. Ich danke Ihnen für die Aufmerksamkeit und hoffe, daß es sich ausgezahlt hat. Ich weiß, daß jede Stunde Ihres Tages und auch Ihrer Nacht wertvoll ist. Während andere friedlich in ihren Betten schlummern, werden Sie vielleicht Zeitungen studieren, Zahlen prüfen, Notizen schreiben, Briefe diktieren und so die im Laufe des Tages verlorene Zeit wieder einholen. Ich bin ziemlich sicher, daß Sie nach der Lektüre dieses Buches eine lange Liste von Punkten zum Nachdenken haben werden.

Welche Botschaft sollen Sie also mitnehmen?

Ich habe versucht, Sie nicht mit offensichtlichen Überlegungen oder leichtfertigen Ratschlägen zu langweilen. Ich bin bei den wichtigsten Dingen geblieben und habe trotzdem viele Themen aufgegriffen – zu viele, um sie sich leicht zu merken. Gibt es also einige gemeinsame Punkte aus all diesen Themen? Können wir einige Prioritäten herausgreifen, die auf einer überschaubaren Liste Platz haben?

Ich schlage 6 Punkte vor. Drei davon drehen sich um Änderungen, die der Wirtschaft meiner Meinung nach in den 90er

Jahren bevorstehen. Weitere drei Punkte behandeln Aufgaben, die meiner Meinung nach immer schon zum Portefeuille eines CEO gehört haben. Vorerst also die drei ersten Punkte:

- *Beobachten Sie Ihren Markt.* Im kommenden Jahrzehnt werden nur wenige Märkte statische Grenzen haben – es wird eine stärkere Segmentierung, Polarisierung, Internationalisierung, einen Wettbewerb aus unerwarteten Ecken und auch mehr Chancen geben. Ganz neue Märkte werden sich öffnen, alte Märkte werden sich verändern oder überhaupt verschwinden. Beobachten Sie deshalb Ihren eigenen Markt auf das genaueste, behalten Sie ein Auge auf dessen Grenzen und wie sich diese verändern. Definieren Sie genau Ihr Marktsegment, und achten Sie darauf, daß Sie Ihren Wettbewerbsvorteil halten. Wenn Sie hier einen Fehler machen, kostet Sie das vielleicht Ihren Kragen.
- *Beobachten Sie Ihre Technologie.* Weitere einschneidende technologische Änderungen stehen bevor, vor denen kein Markt gefeit ist und die kein Unternehmen ignorieren kann. Achten Sie darauf, daß Ihre Technologie auf dem letzten Stand ist. Vergleichen Sie sie mit den neuesten Entwicklungen – denen, die vielleicht gerade bevorstehen, und denen, die noch weit weg sind. Sie können es sich nicht leisten, hinten zu bleiben; hüten Sie sich auch vor falschen Investitionen, die Sie in den Ruin treiben können. Holen Sie sich den bestmöglichen Rat, um zur bestmöglichen Entscheidung zu kommen.
- *Beobachten Sie Ihre Mitarbeiter.* Die Beziehung zwischen Arbeitgeber und Arbeitnehmer verändert sich rasch: im Jahr 2000 wird sie ganz anders aussehen. Gute Leute sind rar und werden immer rarer, und das wissen sie auch. Sie erwarten mehr von ihrer Arbeit und haben die Mobilität, es zu fordern – nicht nur bessere Bezahlung, auch bessere Bedingungen, bessere Weiterbildung, bessere Zukunftsperspektiven, eine bessere Umgebung. Vergewissern Sie sich also, daß

auch Ihre eigenen Mitarbeiter zufrieden sind. Wenn Sie gute Leute bekommen und halten wollen – ohne die kein Erfolg möglich ist –, müssen Sie ihnen auch mehr bieten als die Konkurrenz.

Märkte, Technologien, menschliche Ressourcen: diese Faktoren werden in den 90er Jahren meiner Meinung nach den meisten Druck verursachen und könnten die Art und Form Ihres Unternehmens erheblich verändern. Es sollte Sie nicht überraschen, wenn Sie oder Ihr Nachfolger sich im Jahr 2000 einem ganz anderen Unternehmen gegenübersehen.

Aus diesem Grund wird es noch wichtiger, die Regeln des guten Managements zu beachten. Diese verändern sich zwar nicht so radikal, aber drei davon wollen wir auf diese Checkliste setzen.

- *Suchen Sie möglichst viele Blickwinkel.* Heutzutage ein Unternehmen zu führen, ist eine so komplexe Kunst, daß einfache Antworten auf Routinefragen nicht nur Bequemlichkeit bedeuten, sondern auch eine gefährliche Falle. Hinterfragen Sie jeden Rat und jede Information. Einen guten CEO zeichnet aus, wenn er unangenehme Fragen stellt, oft einfache Fragen, die Vorstellungen und Vermutungen bloßstellen, welche in den Informationen verpackt sind. Der CEO ist nicht leicht zufriedenzustellen: er fragt immer wieder »warum«, nicht weil er lästig sein will, sondern weil er die wahren Antriebskräfte für die Firmenleistung und die Essenz des Wettbewerbsvorteiles sucht.
- *Bleiben Sie bei Ihrer Vision.* Trotz – oder wegen – der rasenden Geschwindigkeit von Veränderungen sind oft jene Unternehmen die erfolgreichsten, die die klarste und konsequenteste Vision haben. Nur Sie können sie liefern. Der CEO bringt das Unternehmen auf den richtigen Kurs, achtet darauf, daß alles von allen richtig verstanden wurde, und führt die gesamte Organisation zu dem langfristig gesetzten Ziel.

- *Praktizieren Sie einen klaren Führungsstil.* Partizipative Entscheidungsfindung und sanfte hierarchische Strukturen sind momentan in, und das mit gutem Grund. Experimentieren Sie jedoch nicht mit dem Management durch Konsens. Es hat noch nie funktioniert und wird auch nicht funktionieren. Dieses Buch hat immer wieder auf die enorme Wichtigkeit einer klaren und festen Führung hingewiesen. Sie können sich andere Ansichten anhören, letztendlich müssen jedoch Sie entscheiden. Dafür werden Sie bezahlt.

Mit diesen sechs Punkten, die, so hoffe ich, nicht zu moralisierend oder persönlich sind, verabschiede ich mich und überlasse Sie wieder der Führung Ihres Unternehmens. Ich wünsche Ihnen viel Glück. Wir alle können ein wenig davon brauchen.

Index

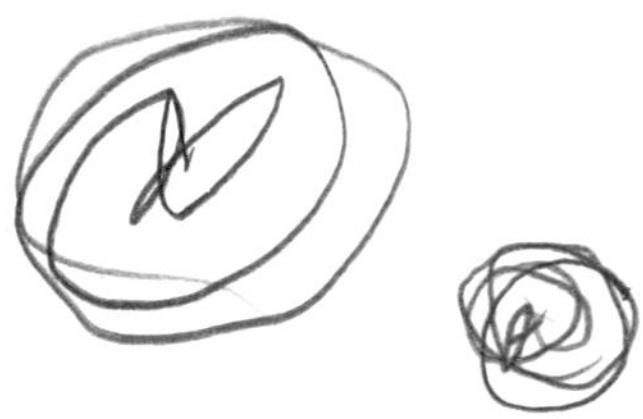

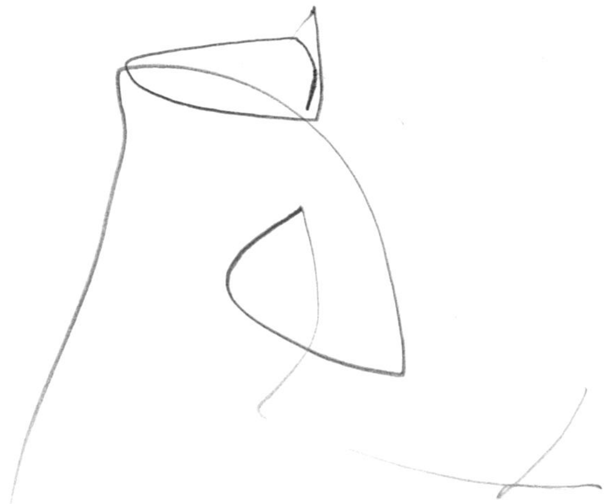